# 教學指引



全新版

# 華語

第六冊

流傳文化事業股份有限公司
http://www.chlearn.com

# 編輯大意

一、本指引依據華語課本分冊編輯，共十二冊，供教師教學參考之用。

二、本指引體例分爲兩部分：

㈠單元導讀：在教學指引增列單元導讀，以感性的筆調，引導進入大單元的核心。

㈡各課教學指引包括：

1.**聆聽與說話**：以趣味的遊戲帶動孩子學習語文的興趣；再以課文情境圖讓兒童練習說話，最後過渡到概覽課本。

2.**閱讀與識字**：讓學生提出詞語，進行詞義、字形的教學。

3.**閱讀與寫作**：藉著課文的深究，對話的練習，形式的深究，讓學生明白句子的結構，文章的結構。

4.**教學資料庫**：提供了習作解答參考，及相關的語文補充資料，供教師參酌使用。

三、本書所提供的教學流程與方法，只作示例參考；教師可掌握教材內容及意旨，並根據當地學生年齡、程度、學生學習時間做調整。

四、本書的國字注意依據教育部編印的「國語一字多音審訂表」，筆順則依據教育部編印的「常用國字標準字體筆順手冊」編輯而成。

五、本書如有疏漏之處，尚祈各校教師提供寶貴意見，俾供修訂時參考，謝謝您。

# 全新版華語教學指引 第六冊

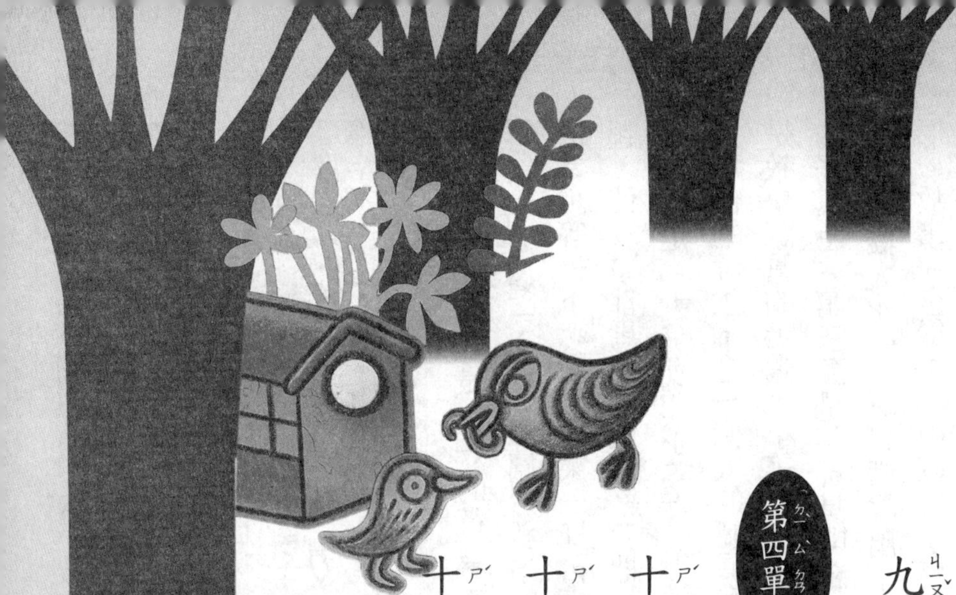

## 第三單元 喜歡讀書



## 第四單元 啟示



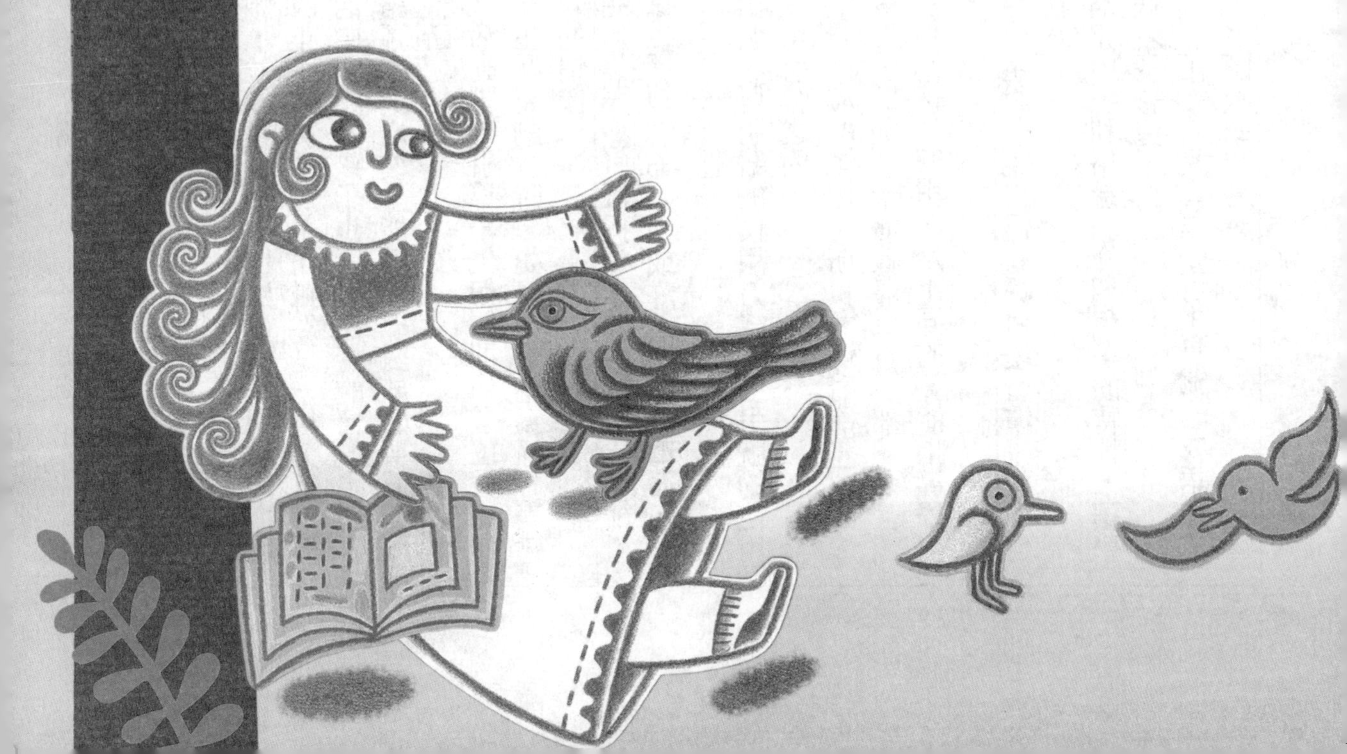

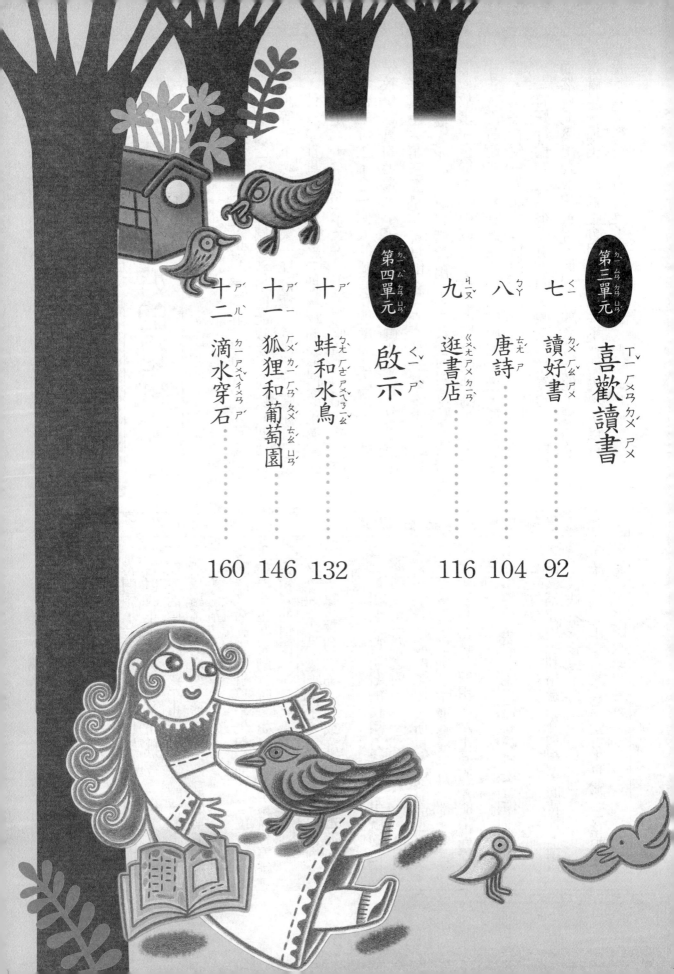

# 總說

## 第一單元　好的行為

本單元主題是「好的行爲」，共分三課：第一課是「灰灰的改變」，是一課屬於敘事的記敘文。灰灰有個壞習慣常說等一下，做起事來一拖再拖，爸爸和媽媽從自己做起，什麼事都馬上去做，終於把灰灰的壞習慣改正過來。第二課是「大美女和小美女」，是屬於寫人的記敘文，透過事件的發生，把一個人的認眞和態度表達出來。大美女是教學認眞的媽媽，小美女是學習認眞的作者，又是家中的好幫手。第三課是「玩具開會」，本課是劇本，把一些玩具「擬人化」，讓它們說出小主人如何對待它們的情形。故事完全從生活中取材，會引起學生的共鳴。晚上，小主人睡覺時，玩具在訴說小主人的脾氣很壞，使它們受傷，多麼希望主人能珍惜它們。

有好行爲的人是很吸引人的。像工作認眞的人，自然而然會流露出勤快和負責，使別人願意接近他，信賴他，這就是一種美，而且不會因爲年紀大了就消失。所以有人說：「好行爲比命好更重要。」

### 一、灰灰的改變

#### 教材說明

1.這是一篇敘事的文章，以「灰灰有個壞習慣」當開頭，並從生活當中舉出實例，到最後把壞習慣改正了。文中的主角雖然是一隻兔子，但在生活中，許多孩子也會有這樣的情形出現，所以讀了本文之後，能讓孩子對於好習慣和壞習慣有所認知。

2.在語文活動中，引導學生如何把句子拉長。

3.指導學生在寫劇本時，如何把對話寫好，表達出精彩的情節。

#### 教學重點

1.本課的句型，有轉折句：「雖然……卻……」。選擇句：「……或許……」。遞進句：「不但……還……」。

2.介紹引號、雙引號的使用方式：雙引號的使用必須在單引號之內。

3.「兔」有短短的尾巴，所以不要寫成「免」。「腦」是「肉」部，不要寫成「月」部。

4.「跟」和「根」的用法是不同的，能指導學生分辨。

#### 教學建議

1.能引導學生說一說自己有哪些壞習慣，並如何改正過來？

2.語文補充中，利用謎語介紹兔子的特性，讓學生很快就認識兔子。

3.語文補充中，有一些跟兔子有關的成語和笑話，供老師教學時參考。

## 二、大美女和小美女

### 教材說明

1. 這是一篇寫人的文章，以一句廣告詞：「認真的女人最美麗」當開頭，並從生活當中舉出幾個實際的例子，來描述媽媽是大美女，而作者是小美女。本課完全著重於「認真」工作和學習的美，所以對於外貌方面沒有加以描述。
2. 在語文活動當中，有一些成語的練習，讓學生多認識成語，並能使用合適的成語修飾句子，會使內容更加吸引人。

### 教學重點

1. 本課的句型，有轉折句：「不但……而且……」。遞進句：「除了……還……」。因果句：「……所以……」。假設句：「即使……也……」。
2. 引用修辭：引用一些詩文、名言或古人的話，使主題鮮明突出。如本文一開頭就引用修辭，可以增加吸引人的力量。
3. 「形」和「型」是有分別的。「形」當名詞時指形狀、形體或實體，如：喜形於色、相形見絀。「型」是模型或類型的意思，如：典型、流線型。

### 教學建議

1. 能引導學生說一說還有哪些「廣告詞」是叫人難忘或非常有趣的。
2. 語文補充中，有猜字謎和詞語活動，老師可以參考教學，如：一個人站起來，猜一個字。而胖子觸電，猜一個詞語。讓學生腦筋動一動，對學習有幫助的。

## 三、玩具開會

### 教材說明

1. 這是一篇劇本，以孩子喜歡的玩具當「演員」，它們趁著主人睡覺時，大家一起談話，說出平日小主人對待它們的情形。由於小主人不懂得愛惜它們，所以它們最後的結論，希望小主人能愛惜它們，它們就可以過著幸福快樂的日子。
2. 習作中有利用詞語練習寫短文。
3. 在語文活動中，配合課文做「誇飾修辭」的練習。

### 教學重點

1. 本課的句型，有條件句：「只要……就……」。
2. 本課的修辭有：
   誇飾修辭：寫作時，把所要形容的人、事、物的特點加以放大鋪張來描述，好像電影中的「特寫鏡頭」般吸引讀者的注意，這叫做「誇飾修辭」。
   譬喻修辭的喻詞是——當作、像。
3. 「丟」是「一」和「去」合成的字，表示一去不回，所以上面要寫「一」，不要寫成「丿」。
4. 打「仗」不可以寫成打「戰」。

### 教學建議

1. 能引導學生說一說他有哪些玩具，怎樣愛護玩具。
2. 語文補充中，有兩個笑話，可以讓學生以對話方式說一說，「笑」果是不錯的。
3. 有一字多音和形近字的練習，供老師教學時參考。

# 第一課 灰灰的改變

## 一、聆聽與說話

### 引起動機

(一)語文遊戲：認識動物

1.將班上學生分組，每一組學生認養一種動物。

2.師生可以共同討論一些動物，如：猴子、大象、小狗、長頸鹿、無尾熊等。

3.鼓勵學生將喜愛的動物畫在一張白紙上，並寫出動物的樣子，喜歡吃些什麼食物？喜歡做些什麼動作？甚至害怕些什麼？

4.每組共同討論之後，推出一名學生上臺報告，或是以相聲方式演出亦可。

5.最後由老師講評。並由全班同學選出哪一組說得最好，最吸引人。

(二)語文對話：在語文遊戲中，上臺介紹動物的特徵或喜好時，可以採用相聲方式，兩個學生上臺之後：

甲生：我們今天要介紹的動物，牠有一根長長的鼻子像水管。

乙生：說得好，鼻子像水管，兩個大大的耳朵像扇子。

甲生：四隻腳很粗壯像柱子。

乙生：牠愛吃草和花生。
甲生：牠很勇敢，是森林中的救火員。
乙生：對！牠是很勇敢，可是特別怕小小的老鼠。
甲生：知道我們這一組喜愛的動物是什麼嗎？
乙生、甲生（一起說）：是大象，謝謝大家。

## 講述大意

㈠ 概覽課文：以默讀方式，把課文讀一遍。

㈡ 提問以歸納大意：利用問題，指導學生練習歸納全文的意義。

1.小灰兔灰灰常說的一句話是什麼？

2.你能說一說灰灰的壞習慣嗎？

3.爸爸和媽媽想出什麼方法，要把灰灰的壞習慣改正過來？

4.灰灰的壞習慣改正過來了嗎？

㈢ 內容大意：綜合各段的段落大意，說出全文的內容大意。

灰灰有個壞習慣常說等一下，做起事來一拖再拖，爸爸和媽媽從自己做起，什麼事都馬上去做，終於把灰灰的壞習慣改正過來。

# 二、閱讀與識字

## 詞語教學

㈠學生課前預習，提出新詞，並查字辭典，了解新詞的意思。

㈡學生上課前提出新詞，老師請學生試念，並指導正確的發音和寫法。

㈢教師詢問學生對詞語的了解，若有特殊生字，也要加以指導。

㈣本課詞語指導：

1.灰兔：身上的毛是灰黑色的兔子。「灰」：色彩介於黑白之間，如：灰色。「兔」：是一種小動物，耳大尾短，上嘴唇中間裂開，很會跑跳，毛可以做毛衣、毛筆。

例句：弟弟畫了一隻灰兔，樣子像一朵香菇，把我笑壞了。

2.拔蘿蔔：把蘿蔔用手抽取出來。「拔」：挑選的意思，如：選拔。形容富有正義感，能幫助委屈或弱小的一方，如：拔刀相助。「蘿蔔」：蔬菜類植物，葉子成羽狀分裂，花白色或淡紫色，根部多肉可食，有紅、白兩種。

例句：小灰兔參加拔蘿蔔比賽，居然得了冠軍。

引導：當你看到蘿蔔，會想到哪些東西？（蘿蔔汁、蘿蔔乾、蘿蔔糕、紅蘿蔔蛋糕……）

3.一根：計算東西的單位。如：一根香蕉、一根木棒。「根」：植物莖下長在土裡的部分，可以固定植物，吸收土壤裡的水分和養分，如：樹根。

例句：教室的地上有一根很黑的長頭髮，不知道是誰掉的？

引導：良木無斑點。——猜一字（根）

4.傷腦筋：形容事情很麻煩，不容易解決。「傷」：皮肉損傷的地方，如：傷口。「腦」：頭部，如：腦袋。「筋」：思想，如：他的腦筋有些呆板，所以不知道如何變通。

例句：上課不專心，愛說話的學生，最令老師傷腦筋了。

5.問題：①需要討論解決的問題。②考試的題目。「題」：寫作內容的主要材料，如：題材。文章、演講或一件事物的名稱，如：題目。

例句：看你滿臉愁容，是出了什麼問題嗎？

6.壞習慣：不好的習性或行爲。如：懶惰、貪吃、不守時、說謊。「壞」：不好的，如：壞人。不正當的事，如：壞事。「習」：慣常的行爲，如：習性。性情上的表現，如：習慣。「慣」：習以爲常的事，如：習慣。

例句：願意跟「壞習慣」交朋友的人，他的人生是黑白的。

7.改正：把壞的丟掉，變得更好。「正」：修理錯誤的，如：訂正。

例句：我努力了一個學期，終於把我上課不專心的壞習慣改正過來。

引導：上有一橫線，表示止步。——猜一字（正）

8.餐盒：裝食物的用具。「盒」：有底有蓋，可以相合，用來裝東西的器具，如：飯盒。

例句：中午吃午餐時，我們都會互相欣賞餐盒裡的菜。

9.事情：事物發展的情形。「情」：心裡的意念或願望，如：感情。

例句：這件事情因小華上臺說明之後，大家終於明白是小貓偷喝了牛奶。

引導：歇後語練習：一二三五六——無事（四）

10.烤蛋糕：把做好的蛋糕模子放進烤箱，經過一段時間，蛋糕熟了就可以吃。

「烤」：用慢火燒熟食物，如：燒肉。以火取暖，如：烤火。

引導：七月是考季。——猜一字（烤）

11.龜兔賽跑：是一個寓言故事，內容詳見課本語文活動中的小小劇場。「龜」：爬蟲類動物，頭形像蛇，口大眼小，腹背部有硬殼，頭、腳、尾都可以縮進甲殼內，很會游水，動作緩慢，壽命很長，甲殼可以做中藥。

例句：龜兔賽跑的故事我聽過，而且我還上臺扮演跑贏兔子的烏龜。

## 生字教學

1.學生課前預查字音、字義、部首，並寫在習作A本上。

2.本課生字有：

①習寫字：

灰（火）部　兔（儿）部　盒（皿）部　拔（手）部　根（木）部

情（心）部　傷（人）部　腦（肉）部　筋（竹）部　題（頁）部

壞（土）部　習（羽）部　慣（心）部　正（止）部

②認讀字：
蘿（艸）部　蔔（艸）部　烘（火）部

3. 辨別特殊生字：
「兔」是有短短的尾巴，所以不要寫成「免」。
「腦」是「肉」部，不要寫成「月」部。
「跟」和「根」的用法是不同的。「根」是指植物生長在土中的部分，意思含有事物的基礎，如：根本、根基。「跟」是腳的後跟，因此「高跟鞋」、「腳跟」的「跟」，是不能寫成「根」。

## 三、閱讀與寫作

### 內容深究

㈠提出問題，師生共同討論。
1. 文章理解的問題，請參考前面歸納大意的問題。
2. 情意擴展的問題。
①父母親叫你做事時，你會立刻去做？
②如果你有文中灰灰這種壞習慣，你會怎樣改正過來？
③「今日事今日畢」這句話，你知道爲什麼嗎？

3. 文意探索的問題。

①灰灰嘴巴說好，為什麼不立刻去做？你知道困難在哪裡？

②灰灰的爸爸和媽媽用「以身作則」的方法，改正灰灰的壞習慣，你認為這是一個好方法嗎？

③灰灰能夠改正壞習慣，你覺得牠的生活會比以前快樂嗎？

## 形式深究

㈠文體說明：

本課文體是屬於敘事的記敘文，敘述如何改正灰灰壞習慣的過程和結果。

㈡段落安排：

1. 第一段：灰灰常說的一句話是「等一下」。

2. 第二段：灰灰嘴巴說等一下，其實常把事情一拖再拖。

3. 第三段：爸爸和媽媽從自己做起，把「等一下」改成「沒問題」，並立刻去做。

4. 第四段：灰灰的壞習慣終於改正過來了。

㈢ 結構分析：

灰灰的改變
- 起因：灰灰有個壞習慣。
- 經過：爸爸和媽媽改變灰灰壞習慣的方法。
- 結果：灰灰的壞習慣改正過來了。

這是一篇敘事的文章，以「灰灰有個壞習慣」當開頭，並從生活當中舉出實例，到最後把壞習慣改正了。文中的主角雖然是一隻兔子，但在生活中，許多孩子也會有這樣的情形出現，所以讀了本文之後，能讓孩子對於好習慣和壞習慣有所認知。

㈣ 主旨說明：

說到做到，容易取得別人信任。（藉一隻兔子常說等一下，卻把事情一再拖延，最後被爸爸和媽媽改正過來，生活顯得愉快多了。）

㈤ 修辭說明：

1. 轉折句：

「雖然……卻……」：

雖然灰灰嘴巴常說「等一下」，卻沒有立刻去做。

雖然弟弟在房間裡做功課，心裡卻想著打電動的事。

2.選擇句：

「……或許……」：

我們都說「沒問題」，不要再說「等一下」，或許可以把灰灰的壞習慣改正過來。

我們都爲小強加油，或許小強會一馬當先進入第一名。

3.遞進句：

「不但……還……」：

「沒問題！」灰灰不但大聲的回答，還很快地去寫功課。

今天哥哥不但沒去學校上課，還跑去電影院看「魔戒三部曲」。

4.介紹單引號、雙引號的使用方式：

「」的使用，通常是引用他人的話。如：「媽媽，我很想吃紅蘿蔔蛋糕！」灰灰說著。

『』的使用，必須在單引號之內。如：有一天，媽媽對爸爸說：「從現在起，我們都說『沒問題』，不要再說『等一下』，或許可以把灰灰的壞習慣改正過來。」

# 四、教學資料庫

## 語文補充

(一) 猜謎語：

春夏秋冬穿皮袍，
全身像個棉花球，
曾經和烏龜賽跑，
愛吃蘿蔔和青草。

——猜一種動物（兔子）

(二) 跟兔子有關的成語：

1.兔死狗烹：打獵時，野兔已經被獵人捕捉了。獵狗沒有用處了，就會被獵人殺了。比喻事情成功之後，會把有功勞的人殺掉。如：歷史上的劉邦當上皇帝之後，便殺掉大將韓信。

2.狡兔三窟：狡猾的兔子往往會有三個洞穴來避難。比喻事先逃避的計畫很周詳。

(三)「兔」跟「兔」的笑話：

從前有一位縣官，有一天，他寫了一張紙條，命令部下去市場買兩隻土雞、一隻兔子。很巧的，這個部下不識字，便請教一個識字的老人，更巧的是這個老人經常讀錯字。老人看著紙條上的字讀著：「買兩隻土雞，一隻免了。」於是部下買了一隻土雞回來了。縣官很生氣，問到底是怎麼一回事？部下支支吾吾地將老人的話說一遍：「老爺！買兩隻土雞，一隻免了。不是只買一隻土雞嗎？」縣官聽了很生氣，便把那個老人抓過來，要罰他三千元。老人沒有錢，他寫了一張紙條給縣官，希望縣官能原諒他，不要罰他錢，老人在紙條上這樣寫著：「縣老爺，小的沒有錢，向您求免好嗎？」

縣官看了老人的紙條哭笑不得，原來他分不清楚「免」和「免」，最後縣官罰老人每個字罰寫一百遍。

(四) 多音字：

答
- （ㄉㄚ）答應、羞答答。
- （ㄉㄚˊ）回答、答話。

(五) 形近字：

- 提：（手）部──提前、提高。
- 題：（頁）部──問題、題目。

- 紅：（糸）部──紅色、紅蘿蔔。
- 虹：（虫）部──彩虹、彩虹橋。

「放：（攴）部——放學、放手。
改：（攴）部——改正、改過。

## 語文活動一解答

一、把句子加長

2.（菜園→一個菜園→一個小小的菜園→爸爸在一個小小的菜園種蘿蔔。）

3.（習慣→一個習慣→一個壞習慣→我有一個愛吹牛的壞習慣。）

4.（故事→一個故事→一個好聽的故事→我會說一個好聽的故事給妹妹聽。）

5.（蛋糕→一個蛋糕→一個美味可口的蛋糕→我會做一個美味可口的蛋糕。）

## 習作解答

A本

習作㈠

1.（洗一洗）2.（拔一拔）3.（說一說）4.（改一改）5.（吃一吃）6.（叫一叫）

習作㈡

1.（不但）（還）2.（或許）3.（雖然）（卻）4.（不但）（還）5.（或許）6.（雖然）（卻）

B本

習作㈠

1.工：（工作）（巧奪天工）

功：（功課）（功成名就）

2.常：（時常）（好景不常）

長：（長久）（天長地久）

3.在：（在家）（無所不在）

再：（再見）（再接再厲）

習作㈡

1.(3) 2.(3) 3.(3)

# 第二課 大美女與小美女

## 一、聆聽與說話

### 引起動機

(一)語文遊戲：說一說廣告詞

1.將班上學生分組，每一組學生共同討論：電視上有哪些印象深刻或精彩的廣告詞。

2.每一組學生將廣告詞寫在書面紙上。如：

①請大家愛用萬家香醬油，一家烤肉萬家香。

②愛吃黃箭口香糖，想像無限。

③保力達P，儲存明天的活力。

3.每組學生共同討論之後，上臺報告時可以用相聲方式或短劇表演方式。

4.其他各組是表演者，也是評分者，共同參與這項遊戲。

5.最後由老師講評，並由全班同學票選出哪一組的廣告詞最有意義，最吸引人。

(二)語文對話：

上一課的小小劇場是「龜兔賽跑」，可以讓兩名學生扮演兔子和烏龜，上臺對話。也可以用兩組學生對話，增加學習興趣。

## 講述大意

㈠ 概覽課文：以默讀方式，把課文讀一遍。

㈡ 提問以歸納大意：利用問題，指導學生練習歸納全文的意義。

1. 爸爸說認眞的女人最美麗，所以家裡有大美女和小美女。
2. 大美女是媽媽，媽媽教學認眞還會做好吃的菜。
3. 小美女是我，我上課認眞，同時也是扯鈴高手。
4. 爸爸說我是家中的好幫手。

㈢ 內容大意：綜合各段的段落大意，說出全文的內容大意。

大美女是教學認眞的媽媽，小美女是學習認眞的作者，又是家中的好幫手。

# 二、閱讀與識字

## 詞語教學

(一) 學生課前預習，提出新詞，並查字辭典，了解新詞的意思。
(二) 學生上課前提出新詞，老師請學生試念，並指導正確的發音和寫法。
(三) 教師詢問學生對詞語的了解，若有特殊生字，也要加以指導。
(四) 本課詞語指導：

1. 認真：做事確實，一點也不隨便。「認」：分辨事物，如：認認看，這是你丟掉的鉛筆嗎？
 例句：小華做事態度一向很認真，所以學什麼都有很好的成果。
 引導：「認真」的相反詞義：隨便、草率、馬虎。
2. 除了：①表示所說的不計算在內。②通常和「還」、「只」、「也」連用，表示在什麼之外還有別的。「除」：去掉、消滅，如：除去、斬草除根。除去舊的，更換新的，如：除舊佈新。
 例句：姐姐除了喜歡看小說之外，還喜歡看電影。
3. 津津有味：①吃得很有滋味。②看得很入迷的樣子。「津」：中醫對人身體內一切液體的總稱，如：津液。很有興趣的談論著，如：津津樂道。
 例句：每次上餐廳吃飯，爺爺和奶奶總是吃得津津有味。
4. 講課：解釋或說明上課的內容。「講」：詳細的說明，如：講述。說好聽的話來替別人求情，如：

講情。

例句：老師講課時，你都東張西望的，哪能記下重點呢！

5.復習：把學過的東西再學一次。「復」：轉過去或轉回來，如：反復無常。收回失去的土地，如：光復。

例句：哥哥放學回家，一定把當天的功課復習一遍。

引導：「復」和「複」的注音相同，字形也相近，但意義不相同：「複」是指「重疊」，如：重複、複印。「復」是指「還原」，如：恢復、復原。也有「又、再」的意思，如：舊病復發。兩個字可以通用的詞語是「複習」或「復習」。

6.體育課：爲增強體質，促進身體健康爲目的所設計的學科。「育」：教化、栽培，如：教育。造就人才，如：育才。

例句：哥哥好喜歡上體育課，一上體育課他整個人就精神百倍。

7.扯鈴：是近幾年來極力推展的民俗活動之一，是由兩個圓盒及軸心製成的。分爲木製、竹製及鋼製扯鈴等。「扯」：拉一拉，如：扯一扯。對別人的行爲，背地裡加以破壞和阻擋，如，扯後腿。

「鈴」：用金屬做成會發出聲音的東西，如：鈴鐺。

例句：我學了半年的扯鈴，已經會表演「抬頭望月」那一個招式。

引導：初學扯鈴的人要注意鈴和腹部保持平衡，應隨著鈴頭的轉動而移動身子，盡量使身體正面和鈴面保持平行，當鈴能發出嗡嗡聲響時，表示運鈴已達到水準，可以進行基本動作了。再來可以有一些有趣的動作，如：螞蟻上樹、金雞上架、猴兒爬竿等。

8.招式：指花樣。「招」：揮手叫人來，如：招手。收取學生，如：招生。「式」：形狀或模樣，如：式樣。

例句：他踢毽子的招式很多，令我看得眼花撩亂。

引導：用手召集。──猜一個字（招）

9.圖形：用筆畫出來的形狀或樣子。「圖」：計畫、打算，如：企圖。圖畫和書籍的總稱，如：圖書。

例句：上水彩課時，老師要我們先畫簡單的圖形再上顏色。

10.不斷：不停止，一直做下去。「斷」：把東西割開，如：切開、一刀兩斷。停止呼吸，死亡，如：斷氣。

例句：他不斷的練習圍棋，終於可以跟高手一決勝負了。

11.練習：反覆的學習。「練」：熟悉，如：熟練。經歷，如：歷練。

例句：你要想得到好成績，功課一定要加緊練習才行。

引導：練絲是用「練」，煉金屬是用「煉」，鍛鍊身體是用「鍊」，一定要分辨清楚。

12.收拾：收集、整理的意思。「拾」：數字的名稱，是「十」的大寫。把別人的意見當作自己的看法，如：拾人牙慧。

例句：你先把書桌上的東西收拾乾淨，才有好心情讀書。

13.摺衣服：把衣服折平。「摺」：折疊，如：摺衣服。存款簿，如：存摺。

例句：弟弟最喜歡做的一件家事，就是幫媽媽摺衣服。

## 生字教學

1.學生課前預查字音、字義、部首，並寫在習作A本上。

2.本課生字有：

①習寫字：

認（言）部　除（阜）部　津（水）部　講（言）部　復（彳）部

育（肉）部　扯（手）部　鈴（金）部　招（手）部　式（弋）部

②認讀字：

圖（囗）部　斷（斤）部　練（糸）部　拾（手）

摺（手）部

3.辨別特殊生字：

「育」是「肉」部，不要寫成「月」。

「鈴」的右邊是「令」，學生常誤寫為「今」。

「形」和「型」是有分別的。「形」當名詞時指形狀、形體或實體。如：圓形、圖形。「形」當動詞時有表現或對照的意思，如：喜形於色、相形見絀。「型」是模型或類型的意思，如：典型、流線型。

# 三、閱讀與寫作

## 內容深究

㈠提出問題，師生共同討論。

1. 文章理解的問題，請參考前面歸納大意的問題。

2. 情意擴展的問題。

①你做哪些事時會很認眞？

②你同意「認眞的女人最美麗」嗎？

③認眞的女人最美麗？那認眞的男人怎麼形容呢？

3. 文意探索的問題。

①媽媽被稱爲大美女，你能具體舉出實例嗎？

②作者被稱爲小美女，她是怎樣做到的？

③你會幫忙父母親做哪些家事？

## 形式深究

㈠文體說明：

本課文體是屬於寫人的記敘文，透過事件的發生，把一個人的認眞和學習態度表達出來。

㈡ 段落安排：

1.第一段：爸爸說家裡有兩位認眞的美女。
2.第二段：大美女是教學認眞，會做菜的媽媽。
3.第三段：小美女是學習認眞的作者。
4.第四段：作者會做家事，是家中的好幫手。

㈢ 結構分析：

大美女和小美女
- 起因：怎樣的女人最美麗？
- 經過：媽媽是大美女，作者是小美女。
- 結果：小美女又成爲家中的好幫手。

這是一篇寫人的文章，以一句廣告詞：「認眞的女人最美麗」當開頭，並從生活當中舉出幾個實際的例子，來描述媽媽是大美女，而作者是小美女。本課完全著重於「認眞」工作和學習的美，所以對於外貌方面沒有加以描述。

㈣ 主旨說明：

從內心散發出來的美，是很吸引人的，而且不會隨著時間的流逝而消失。（工作認眞的人，自然而然會流露出勤快和負責的表情，使別人願意接近他，信賴他，這就是一種美，而且不會因爲年紀大了就消失。）

(五) 修辭說明：

1. 引用修辭：引用一些詩文、名言或古人的話，使主題鮮明突出。如本文一開頭就用引用修辭，可以增加吸引人的力量。

有一句話說：「認眞的女人最美麗。」

邵子說：「一日之計在於晨，一歲之計在於春，一生之計在於勤。」

2. 轉折句：

「不但……而且……」：

媽媽是一位老師，她不但教學認眞，而且會做許多拿手好菜。

哥哥不但很聰明，而且讀書非常專心，難怪經常名列前茅。

3. 遞進句：

「除了……還……」：

我的爸爸除了喜歡這句話之外，還洋洋得意的說：「我們家裡有一位大美女和一位小美女。」

妹妹除了會跳土風舞之外，還會跳古典的芭蕾舞。

4. 因果句：

「……所以……」：

老師教我們扯鈴，我把每一個招式用圖形畫下來，又不斷地練習，所以我成了扯鈴高手。

我很喜歡看偵探小說，也幫同學找回失物，所以成了班上的小偵探。

5.假設句：

「即使……也……」：

在家裡，即使媽媽沒叫我做事，我也會自動幫忙澆花、拖地、摺衣服、收拾東西。

今年暑假，即使沒有英文方面的作業，我也會自動學英文。

# 四、教學資料庫

## 語文補充

㈠猜字謎：

1.有女兒有兒子。——猜一字（好）

2.一個人站起來。——猜一字（位）

3.胖子觸電。——猜一詞語（肉麻）

4.胖子跳舞。——猜一食品（肉鬆）

5.胖子下山。——猜一詞語（滾到底）

㈡跟「美人」有關的成語：

1.美目盼兮：眼睛黑白分明的樣子。

2.閉月羞花：她的美貌，使月亮躲起來，而花兒也覺得羞慚。
3.傾國傾城：指全城全國的人，都為女子的美色而著迷忘我。
4.沉魚落雁：比喻女子的容貌美麗，魚兒和飛雁看了都會避開。

㈢學扯鈴的基本動作：

1.運鈴的原則：

扯鈴能在一根細線中轉動，而不致墜落地面，其原因可分下列兩點說明：

①利用手拉棉線，使棉線和鈴軸產生摩擦力，因而帶動軸心，使兩個圓盒如同引擎帶動車輪旋轉一般，扯鈴速度會因棉線上下扯動的速度加快而急速轉動，進而使空氣從風動中進入圓盒內，擠壓摩擦之後，產生嗡嗡之聲。

②利用斜面滾動的原理，軸心加速後沿著單一方向使力，只要順勢帶動，不需花費太大力量，就可以使鈴具轉動，鈴聲響徹雲霄。

2.交叉線運鈴：具安全性又容易學，適合初學者。

①準備姿勢：

兩腳丁字步分開，大約十公分，將鈴放在左腳左前方地面上。兩手拿著鈴棍將鈴繩運於鈴軸之中央下方，使鈴繩成V字型，然後左右手鈴棍交換，使鈴繩成交叉狀，而左手鈴繩在外側，右手鈴繩在內側。

②分解動作：

右手在地面上帶動扯鈴，由左向右滾動，如同飛機的輪子在地面上滾動一樣。當鈴快到右腳部位時，右手棍逐漸順鈴轉動之勢，將鈴提起懸在身前，然後左右上下扯動鈴繩，使鈴在繩上平衡滾動，且不偏不倚。當右手棍扯高到肩膀時，同時需用力，當右手放低時，左手順著右手力量之勢，無需用力僅作配合性將鈴棍拉高即可。拉高時，鈴繩與鈴軸不要發生摩擦，不然鈴無法加速運轉。

## (四) 形近字

- 除：（阜）部——除了、開除。
- 徐：（彳）部——徐風、徐娘半老。

- 玲：（玉）部——玲瓏、玲琅。
- 鈴：（金）部——鈴鐺、鈴聲。

- 齡：（齒）部——年齡、高齡。
- 零：（雨）部——零分、零錢。

- 練：（糸）部——練習、練兵。
- 煉：（火）部——提煉、煉藥。
- 鍊：（金）部——鍛鍊、磨鍊。

- 澆：（水）部——澆水、澆花。
- 曉：（日）部——曉得、家喻戶曉。
- 撓：（手）部——阻撓、百折不撓。

# 語文活動二解答

三、閱讀測驗

1.(2) 2.(2) 3.(3) 4.(1)

## 習作解答

A本

習作(一)

相反詞

1.(討厭)2.(很少)3.(被動)4.(停止)5.(氣呼呼)6.(愁眉苦臉)7.(索然無味)

相似詞

1.(助手)2.(漂亮)3.(不只)4.(努力)5.(很煩惱)6.(一會兒)7.(沾沾自喜)

習作(二)

1.拖地↓(地方)↓(方向)↓(向後轉)

2.扯鈴↓(鈴聲)↓(聲音)↓(音樂會)

3. 美女→（女生）→（生氣）→（氣呼呼）
4. 教學→（學問）→（問題）→（題外話）
5. 招式→（式樣）→（樣品）→（樣品屋）

B本

習作(一)

1.（笑）（東倒西歪）2.（玩）（興高采烈）3.（掃）（一乾二淨）4.（排）（整整齊齊）

習作(二)

1.（圍棋）2.（籃球）3.（電腦）4.（演講）

習作(三)

請教師指導學生自由創作。

## 三 玩具開會

# 一、聆聽與說話

### 引起動機

㈠語文遊戲：我是玩具的主人

1.讓班上的學生將他喜歡的玩具或玩偶帶到學校來。

2.帶玩具或玩偶來的學生，必須能夠介紹玩具或玩偶的特性：

①玩具或玩偶是怎麼來的？

②有什麼好玩？

③怎麼愛護自己的玩具？

3.老師用抽籤方式，請學生帶著他的玩具或玩偶上臺介紹。

4.其他同學也可以發問，請臺上同學回答。

5.沒帶玩具來的學生要注意聆聽，可以多認識一些玩具。

6.介紹完後，開放時間讓學生可以摸摸玩偶，或玩一玩玩具。

(二)語文對話：

上一課的小小劇場是「西施和東施」，西施是古代的美女，而東施長得非常醜，偏偏她喜歡學西施的動作，讓別人看了覺得東施更醜。讓學生在對話中，知道擁有自己的特性，就是一種信心，有了信心，自然散發出吸引人的氣質。

## 講述大意

(一)概覽課文：以默讀方式，把課文讀一遍。

(二)提問以歸納大意：利用問題，指導學生練習歸納全文的意義。

1. 那些玩具在什麼時候開會呢？
2. 布丁狗和小兵發生了什麼事？
3. 洋娃娃漂亮的禮服怎麼破了？
4. 最後它們有了怎樣的希望？

(三)內容大意：綜合各段的段落大意，說出全文的內容大意。

晚上，小主人睡覺時，一些玩具在訴說小主人的脾氣很壞，使它們受傷，多麼希望主人能珍惜它們。

# 二、閱讀與識字

## 詞語教學

(一)學生課前預習，提出新詞，並查字辭典，了解新詞的意思。

(二)學生上課前提出新詞，老師請學生試念，並指導正確的發音和寫法。

(三)教師詢問學生對詞語的了解，若有特殊生字，也要加以指導。

(四)本課詞語指導：

1.小兵：文中指的是玩具小軍人。「兵」：打仗的軍人，如：士兵。打仗用的武器，如：兵器。

例句：你聽過「小兵立大功」嗎？就是說小兵的力量是不可以小看的。

引導：「兵」、「士」、「卒」有什麼不同呢？「兵」大多指兵器，「卒」是指士兵，「士」是指古代乘戰車作戰的士兵。

2.洋娃娃：從西洋傳過來的娃娃，臉形和身材都以西洋的女孩為模特兒，大都是碧眼、金髮，非常可愛。「娃」：小孩，如：娃娃。像人的玩具，通常用塑膠、泥土、紙、布為主要材料，有洋娃娃、泥娃娃、布娃娃等。

例句：妹妹最喜歡洋娃娃，每天晚上她會跟洋娃娃睡覺，還說故事給它聽。

3.布丁狗：一種用布做成的玩具狗。「布」：棉麻及化學等纖維製成的紡織品，如：棉布、麻布。布丁是一種餐後的甜點，用牛奶、雞蛋、水果做成的。

例句：我買了一隻布丁狗是用布做成的，摸起來很柔軟，它可以趴在地上，樣子很可愛。

4.幕起時：通常指一齣戲要開始了，把遮蓋的布幕拉起來。「幕」：事情的開始或結束，如：開幕、閉幕。在舞台布幕的後面，如：幕後。

例句：每一齣戲當幕起時，總是讓觀眾拍手叫好。

5.地板：室內鋪在地上的木板。「板」：片狀而堅硬的東西，如：木板、板擦兒。臉上沒有笑容，如：板著臉。

例句：我最喜歡躺在乾淨的地板上，和我家的小狗玩遊戲。

引導：老闆的「闆」，不可以寫成這個「板」。

6.亂丟：隨便扔掉。「丟」：拋棄，如：丟掉。沒面子，如：丟臉。

例句：哥哥經常把一些資料亂丟，等到要用時才找得滿頭大汗。

引導：古人說：「丟下嘴裡的肉，去等河裡的魚。」這是指放棄會成功且有把握的事，而去做沒有把握的事。

7.主人：家中有地位，有權力的人。「主」：賓客或奴僕的相對詞，如：主人。家長，如：一家之主。

例句：這間房子又豪華又寬敞，不知主人是誰？

8.雄赳赳：有威風，有氣魄的樣子。「雄」：相反詞是「雌」。強而有力的軍隊，如：百萬雄兵。

「赳赳」：雄壯勇武的樣子。

例句：雙十節閱兵時，雄赳赳的軍人令人肅然起敬。

引導：猜一猜：大漢子。——猜臺灣一地名（高雄）

9.氣昂昂：氣度非凡的樣子。「昂」：高舉，如：昂首。東西的價錢非常高，如：昂貴。

例句：大將軍站在臺上一副氣昂昂的樣子，臺下的士兵全都立正站好。

10.脾氣：指性情。「脾」：人和高等動物的內臟之一，如：脾臟。容易發怒，急躁的情緒，如：大發脾氣。

例句：他動不動就發脾氣，背地裡大家都說他是一隻瘋狗。

引導：俏皮話：「瘋狗的脾氣——見人就咬。」也可以用來形容一個愛發脾氣的人。

11.摔來摔去：亂扔的意思。「摔」：擺脫，如：摔開。東西掉在地上破了，如：摔破。

例句：你不要把門摔來摔去的，製造難聽的噪音好嗎？

引導：俏皮話：「石板上摔烏龜——硬碰硬。」比喻程度不相上下的意思。

12.很醜：很難看，不討人喜歡。「醜」：醜的相反是「美」。臉長得難看，如：醜陋。令人厭惡的，如：醜態百出。

例句：聽說古代的東施長得很醜，可是她又喜歡學美人西施的動作。

引導：猜一猜：酒中沒有水，簡直活見鬼。——猜一字（醜）

13.愛惜：喜愛或重視，而捨不得破壞。「惜」：珍愛，如：愛惜光陰。感到遺憾，如：可惜。

例句：我們要愛惜時間，愛惜公物，才是一個好學生。

14.打仗：戰爭。「仗」：倚靠，如：仗勢欺人。拿著，如：仗劍而行。

例句：打仗是一件很可怕的事，會弄得民不聊生。

引導：猜一猜：岳父大人。——猜一字（仗）

15.戰爭：爲了政治目的，或侵占土地等原因，而發動的武裝衝突。「戰」：打仗，如：戰爭。比賽或競爭，如：挑戰。「爭」：拼命求取，如：爭取。一直搶先，害怕落後，如：爭先恐後。
例句：現在科技很發達，一旦發生戰爭，大概全世界都會毀滅了。
16.可憐：令人同情的。「憐」：對不幸的人表示同情，如：憐憫。表示疼愛的意思，如：憐愛。
例句：哥哥和同學打架，眼睛被打腫了，樣子眞可憐。
17.驚奇：覺得吃驚奇怪。「驚」：害怕，心裡感到不安，如：驚慌。意料以外的喜悅，如：驚喜。
例句：他發生車禍時，車子全毀，而他卻毫髮未損，實在令人驚奇。
引導：猜一猜：警察不說話只騎上馬。——猜一字（驚）
猜一猜：大有可爲。——猜一字（奇）
18.出氣筒：當作發脾氣的對象。「筒」：粗大的竹管，如：竹筒。中空的器具，如：郵筒、錢筒。
例句：灰姑娘的後母常把灰姑娘當作出氣筒，叫她做很多家事。
引導：「筒」和「桶」都是容器，有什麼分別呢？「筒」是比較細長的容器，裝比較小的東西，如：錢筒、筆筒、注射筒。「桶」是比較大的容器，容量大，如：水桶、飯桶、酒桶等。

## 生字教學

1.學生課前預查字音、字義、部首，並寫在習作A本上。
2.本課生字有：
①習寫字：

兵（八）部　娃（女）部　布（巾）部　幕（巾）部　板（木）部
丟（一）部　主（丶）部　雄（隹）部　赳（走）部　昂（日）部
脾（肉）部　捽（手）部　醜（酉）部　惜（心）部

②認讀字：

仗（人）部　戰（戈）部　爭（爪）部　憐（心）部　驚（馬）部
筒（竹）部

3. **辨別特殊生字：**

「丟」是「一」和「去」合成的字，表示一去不回，所以上面要寫「一」，不要寫成「丿」。

打「仗」不可以寫成打「戰」。

「板」和「版」是有分別的。「板」是有一片或節拍的意思，如：木板、快板。「版」是有書冊的意思，如：版畫、版權。至於印刷用的板，如：鉛版、凸板，「版」、「板」都可以通用的。

# 三、閱讀與寫作

## 內容深究

㈠ 提出問題，師生共同討論。

1. 文章理解的問題，請參考前面歸納大意的問題。

2. 情意擴展的問題。

①大朋把玩具到處亂丟，這個習慣好嗎？

②一發脾氣，便把玩具當作出氣筒，你會這樣做嗎？

③你有哪些玩具？你怎麼愛惜它們？

3. 文意探索的問題。

①大朋到底有哪些玩具？

②大朋是怎樣玩他的玩具？為什麼那些玩具會受傷？

③那些玩具渴望過著怎樣的日子？

## 形式深究

㈠文體說明：本課是劇本，把一些玩具「擬人化」，讓它們說出小主人如何對待它們的情形。故事完全從生活中取材，會引起學生的共鳴。

㈡段落安排：

1. 第一段：大朋在睡覺，而被他丟得滿地的玩具在開會。

2. 第二段：布丁狗的尾巴不見了，小兵的腳斷了，洋娃娃的禮服破了。

3. 第三段：玩具受傷了，是因為小主人的脾氣太壞了。

4. 第四段：它們希望小主人脾氣變好，才能過幸福快樂的日子。

㈢ 結構分析：

玩具開會
- 時間：小主人大朋睡覺時。
- 地點：大朋的房間。
- 玩具：小兵、洋娃娃、小飛機、小青蛙、布丁狗。
- 內容：大家談論小主人沒有愛惜它們的情形：
  1. 布丁狗的尾巴不見了。
  2. 小兵的腿斷了。
  3. 洋娃娃被當作出氣筒。
- 結論：希望小主人能夠愛惜它們。

這是一篇劇本，以孩子喜歡的玩具當「演員」，它們趁著主人睡覺時，大家一起談話，說出平日小主人對待它們的情形。由於小主人不懂得愛惜它們，使得它們受傷。所以它們最後的結論，是希望小主人能愛惜它們，這樣它們就可以過幸福快樂的日子。

㈣ 主旨說明：

愛惜東西就是惜福，也是一種好行爲。（很多孩子不懂得惜福，鉛筆或橡皮擦掉了，根本不去找，馬上就買新的。不能愛惜東西，進而不會珍惜人與人之間的感情。雖然這個劇本的內容非常淺顯，但對話逼眞而且有感情，相信讓學生角色扮演之後，他們會感受到玩具的無奈和渴望。）

(五)修辭說明：

1.誇飾修辭：

寫作時，把所要形容的人、事、物的特點加以放大鋪張來描述，好像電影中的「特寫鏡頭」一般，這種吸引讀者注意的方法這叫做「誇飾修辭」。

課文：好可怕的一場戰爭，那小兵逃到外太空去了嗎？

例句：他長得很瘦，一陣風吹來，竟然把他吹走了。

2.譬喻修辭：

「喻詞是——當作」：

課文：剛才小主人又發脾氣了，把我當作出氣筒，摔來摔去，我的新禮服就破了。

例句：弟弟把小狗當作他的好朋友，一起讀書一起遊戲呢！

譬喻修辭：

「喻詞是——像」：

課文：你們看！我的樣子是不是像個很醜的怪物？

例句：我穿上白色的洋裝，是不是像白雪公主一樣漂亮？

3.條件句：

「只要……就……」：

課文：只要小主人能夠愛惜我們，我們就能過幸福快樂的日子。

例句：你只要用心讀書，成績自然就會進步。

# 四、教學資料庫

## 語文補充

(一) 疊字詞

1. 打來打去、摔來摔去
2. 跑來跑去、跳來跳去
3. 走來走去、找來找去
4. 丟來丟去、算來算去
5. 轉來轉去、飛來飛去

(二) 笑話

1. 第一則

老師：各位同學。暑假作業要你們看一本書，書名是戰爭與和平，看完之後，寫一篇讀後感。

小華：老師，那本書很長，爲什麼不分開看，然後大家再交換心得？

老師：哦！怎麼分開看？

小華：老師，我、小強、小英三人一組，分開看戰爭與和平。

老師：可以！你還沒告訴我，怎麼分開看？

小華：小華看「戰爭」那一部份，小英看「和平」那一部份。

老師：那你看哪一部份？

小華：我看「與」那一部份。

2.第二則

小美：（氣喘噓噓跑進來）爸爸！快給我十元！

爸爸：什麼事，瞧妳急成這副樣子？

小美：外面有一個老伯伯叫得眞可憐，我要給他十元。

爸爸：（摸摸小美的頭）好！好！妳小小的年紀就知道憐憫別人，想要伸手幫助別人，那個老伯伯是怎麼叫的？

小美：他一直叫冰淇淋——好吃的冰淇淋——一客十元。

㈢一字多音

奇
- （ㄑㄧˊ）：奇怪、奇妙。
- （ㄐㄧ）：奇數。

著
- （ㄓㄨˋ）：名著、著作。
- （ㄓㄨㄛˊ）：著手、穿著。
- （ㄓㄠˊ）：著火、猜著。
- （ㄓㄠ）：著涼、著急。
- （˙ㄓㄜ）：坐著、吃著。

(四) 形近字

蛙：(虫)部——青蛙、蛙鳴。
哇：(口)部——哇哇叫。
娃：(女)部——女娃、洋娃娃。

醜：(鬼)部——很醜、醜陋。
魄：(鬼)部——魄力、落魄。
魂：(鬼)部——亡魂、魂不附體。

狗：(犬)部——小狗、狗屋。
夠：(夕)部——夠了、足夠。
鉤：(金)部——鉤住、鉤心鬥角。

## 習作解答

A本

習作(一)

1.(粗粗的) 2.(微微的) 3.(柔柔的) 4.(重重的) 5.(輕輕的) 6.(慢慢的)

習作(二)

● 只要……就……

2.（你只要多背一些成語，就可以寫出生動的句子。）

3.（爸爸吃飯時，只要有一道紅燒肉，他就吃得津津有味。）

● 假使……

2.（假使你不想讓老師生氣，你得趕快把作業訂正好。）

3.（假使今年冬天下雪了，我一定要去賞雪。）

B本

習作㈠

1.（洋娃娃身上穿了一件金黃色的禮服，孤孤單單的躺在餅乾盒裡。）

2.（小青蛙最大的願望，就是小主人不要打他，能夠跟他玩遊戲。）

習作㈡

1.（急忙要把兔子撿起來賣錢。）

2.（請老師指導學生自由作答。）

3.（趕快到田裡工作，是最好的辦法。）

# 第二單元 學習的方法

## 總說

本單元主題是「學習的方法」，共有三課：第四課「找東西」，是一篇記敘文，敘述一個商人丟了一袋米和蜂蜜，而一位老人憑他仔細的觀察，指點商人如何找回丟失的東西。第五課「心得分享」，是一篇詩歌，全文押一韻。先說畫眉鳥的生活，一起唱歌一起遊戲。再點出畫眉鳥已經遭受危機，被獵人大量捕捉。最後希望大家愛護鳥兒，而且從自己做起。第六課「漁翁和孩子」，是一篇記敘文，敘述漁翁和孩子之間發生的事。漁翁要送孩子魚，而孩子卻希望得到一根釣魚的魚竿。

學習是要有方法的，如文中的老人能仔細觀察發現問題，進而解決問題。參加「讀書會」可以多吸收一些新知，多培養一些能力，是學習的好機會。「一技在手，受用無窮」，像文中孩子的選擇是正確的，有了釣竿，他就天天有魚吃了。

## 四、找東西

### 教材說明

1. 這是一篇敘事的記敘文，以商人丟掉東西爲事件發生的開頭。在尋找東西的過程中，老人和商人的態度有了鮮明的對比，商人是急得像熱鍋上的螞蟻，而老人卻能冷靜觀察，找出解決問題的方法。
2. 語言活動中有相似、相反詞語的練習並造句，使學生更了解詞語的應用。

### 教學重點

1. 本課的句型：有並列關係的「時而……時而……」。因果關係的「……所以……」。遞進關係的「……並且……」。目的關係的「……爲了……」。
2. 修辭有譬喻修辭，喻詞是使用「彷彿」。把商人著急找東西的樣子，和熱鍋上的螞蟻比在一起，使句子變得很鮮活。
3. 「查」和「察」雖然是同音字，但在使用時是有分別的。

### 教學建議

1. 引導學生遇到困難時，要培養冷靜的態度，才能克服困難，並且容易在生活周遭有新的發現。
2. 「語文補充」中，有注音符號的練習，也有一些猜字謎，從猜字謎中，可以了解字的結構。

## 五、心得分享

### 教材說明

1. 這是一篇詩歌，全文押「一」韻，對畫眉鳥的羽毛、歌聲及玩樂的情形，都有詳細的描述。接下來寫獵人破壞了美好的畫面，如果大地沒有小鳥，看不到小鳥飛翔的樣子，聽不到小鳥清脆的叫聲，人類會很寂寞，所以應該保護鳥類。
2. 語文活動中有詩歌欣賞，配合課文押一韻，讓學生能押韻，且讀出節奏感。

### 教學重點

1. 本課使用的句型：有並列關係的「既……又……」和「一起……一起……」。目的關係的「……為了……」。
2. 鼓勵學生當主席，有上臺發表的機會，並且能事先做好準備。
3. 「護」、「獲」、「穫」三個字的字形很相近，學生不容易分辨，可以從部首和字義兩方面來分辨。

### 教學建議

1. 鼓勵學生參加讀書會，讀書會每次不是閱讀一篇文章，就是讀一本書，然後是心得分享，是學習語文的好方法。
2. 語文補充中有「江郎才盡」的成語故事，故事能熟悉，應用時當然沒有問題。
3. 一些字或詞語不容易區分，如：「盡」和「儘」，「愛惜」和「珍惜」。語文補充中都有詳細說明，老師可以參考。

## 六、漁翁和孩子

### 教材說明

1. 這是一篇記敘文，敘述孩子和漁翁之間發生的事。漁翁以為給孩子一條魚，是很大的好處了，沒想到孩子很懂事，想得到一根可釣魚的釣竿，就可以天天有魚吃。
2. 語文活動中有「認識對比法」的練習，還有如何擴句，寫出一篇短文。

### 教學重點

1. 本課的句型，有遞進關係的「不僅……還……」、「……並且……」。假設關係的「倘若……我……」。選擇關係的「不要……要……」。
2. 「羨」的意思是看見別人有大肥羊，喜歡得流口水。因此「羊」的下面是三點水的「㳄」，不是「次」。
3. 「殼」字是「殳」部首，「穀」字是「禾」部首，兩字非常相像，要引導學生不要寫錯。

### 教學建議

1. 引導學生了解「一技在手，受用無窮」的意義，並能發揮自己的專長，走到哪裡都是受人歡迎的。
2. 語文補充中的「猜謎」，答案是釣魚，跟課文配合，能作為引起學生學習本課的興趣，也使學生了解釣魚是一種很好的休閒活動。
3. 歇後語「姜太公釣魚——願者上鉤」，到底是怎麼一回事？可以配合本課內容加以補充。

# 第四課 找東西

## 一、聆聽與說話

### 引起動機

(一)語文遊戲：以猜謎語方式找出東西

1.將班上學生分組，每一組學生選定一樣東西或動物。

2.每組學生共同討論這樣東西或動物的特性：如第一組選定的東西是黑板，他們討論結果用詩歌方式表達。

3.於是在一張白紙上寫著：「四角方方一塊田，放眼望去一片黑，白鷺田間走一遍，腳印人人看得見。」

4.每組共同討論之後，推出一名學生上臺報告，或是展示所寫的白報紙，讓臺下同學去猜。

5.最後由老師講評，並選出哪一組所寫的謎題最好，能把握東西或動物的特性。

(二)語文對話：

上一課的小小劇場是「啄木鳥的故事」，那個漂亮的女人爲什麼會變成一隻啄木鳥，每次吃東西時都很辛苦，必須在樹幹上啄呀啄的。相信學生角色扮演之後，能夠從對話中，知道那個女人非常小氣，而且一點同情心也沒有。

## 講述大意

㈠概覽課文：以默讀方式，把課文讀一遍。

㈡提問以歸納大意：利用問題，指導學生練習歸納全文的意義。

1.有一個商人非常著急，他丟了什麼東西？

2.那一個老人爲什麼會知道，有一個左腳短一點的人帶走商人的東西？

3.老人用什麼方法證明他的說法呢？

4.最後商人把丟失的東西找回來了嗎？

㈢內容大意：綜合各段的段落大意，說出全文的內容大意。

有一個商人丟了一袋米和一瓶蜂蜜。一個老人告訴商人，是一個左腳短一點的人帶走了，老人是從地上的腳印、米粒和蜂蜜觀察出來的。商人聽了老人的話，順著腳印找，果然找回丟失的東西。

## 二、閱讀與識字

### 詞語教學

(一)學生課前預習，提出新詞，並查字辭典，了解新詞的意思。

(二)學生上課前提出新詞，老師請學生試念，並指導正確的發音和寫法。

(三)教師詢問學生對詞語的了解，若有特殊生字，也要加以指導。

(四)本課詞語指導：

1.商人：做生意的人。「商」：做買賣，如：商人。朝代的名稱，如：商朝。

例句：小華的爸爸是個商人，在夜市賣珍珠奶茶，生意非常好。

2.一袋：計算以袋封成物品的單位，如：一袋水泥。「袋」：三面密封，一面開口，可以用來裝東西用具，如：口袋。

例句：我生日的那一天，我帶了一袋糖果和餅乾請同學吃，大家邊吃邊祝我生日快樂。

3.蜂蜜：蜜蜂用所採集的花蜜釀成黏稠狀的液體，是黃白色，有甜味，可以食用或藥用。「蜂」：是昆蟲的一種，種類很多，有毒刺，常成群住在一起。

例句：夏天到了，姐姐最喜歡喝檸檬加蜂蜜，她說好喝又美容。

引導：猜一猜：一個蓮蓬頭掛在樹頭上，你敢伸手去摘它，保證被叮得滿頭包。——猜一物品（蜂窩）

4.彷彿：好像的意思。「彷」：似乎，如：彷彿。「彿」：好像，如：彷彿。
例句：姐姐當新娘子的那一天很漂亮，彷彿仙女下凡來。

5.知道：對於事情或道理清楚了。「知」：了解、明白，如：知道。對於已經得到的東西滿足了，如：知足。
例句：你買了這麼多的遊戲卡，居然不知道怎麼玩？
引導：「懂」和「知道」在認知的程度上是有分別的。「懂」是徹底的明白，「知道」只是清楚而已。

6.左腳短：左腳比右腳的長度少了一些。「短」：「長」的相反字。很淺顯的見解，如：短見。
例句：鄰居林哥哥因爲左腳短，走起路來不方便，所以不必當兵。

7.腳印：腳踏下的痕跡。「印」：留下的痕跡，如：腳印。外界事物留在腦海裡的影像，如：印象。
例句：我留在沙灘上的腳印，一陣大浪捲過來都不見了。
引導：猜一猜：當你往前走，它總是留在你後頭，你愈往前走，它的同伴也愈多。——猜一種現象（腳印）

8.深了一些：指從上到下或從裡到外的距離大，如：這池水是深了一些。「深」：「淺」的相反字。困難的，如：題目太深。
例句：這次期中考的題目是深了一些，所以許多同學都考得不理想。

9.仔細：特別小心的意思。「仔」：細心、當心，如：仔細。幼小的，如：豬仔。
例句：媽媽一再告訴我，考試時，一定要把題目仔細看清楚再寫。

引導：猜一猜：為人子。——猜一字（仔）

10.觀察：對人或事物仔細的看。「觀」：對事物的認識或看法，如：觀念。看表演或比賽的人，如觀眾。「察」：仔細看，如：觀察。從人說話的語氣和臉上的表情，來推斷他的心意，如察言觀色。

例句：當偵探的人，必須具備敏銳的觀察力，才能將歹徒繩之以法。

引導：猜一猜：屋頂下祭拜祖先。——猜一字（察）

11.詳細：非常完備周密，沒有遺漏的地方。「詳」：「略」的相反字。詳細的情形，如：詳情。

例句：爸爸把一本三國演義讀得很詳細，幾乎可以倒背如流了。

12.怎麼辦：用什麼方法來解決問題？「辦」：處理事情，解決問題的方法，如：辦法。

例句：我到了學校才發現作業簿沒帶，不知該怎麼辦？

引導：猜一猜：有個字相當稀奇，兩邊很辛苦，中間還要出力。——猜一字（辦）

13.螞蟻：昆蟲名，多築巢群居，一般雄蟻、雌蟻有翅膀，工蟻、兵蟻沒有翅膀。「螞」：昆蟲的一種，體型小，黑色或褐色，在地下築巢，成群居住，如：螞蟻。「蟻」：昆蟲的一種，體型小，黑色或褐色，在地下築巢，成群居住，如：螞蟻。

例句：螞蟻是很合作的昆蟲，經常是一起抬著食物往洞裡搬，所以到了冬天就可以享福。

## 生字教學

1.學生課前預查字音、字義、部首，並寫在習作A本上。

2.本課生字有：

①習寫字：

商（口）部 袋（衣）部 蜂（虫）部 彷（彳）部 佛（彳）部

知（矢）部 短（矢）部 印（卩）部 深（水）部 仔（人）部

觀（見）部 察（宀）部 詳（言）部 辦（辛）

②認讀字：

螞（虫） 蟻（虫）

3.辨別特殊生字：

「袋」是「衣」部首，上面是「代」，不要寫成「伐」。

「查」和「察」是有分別的。「木」部的「查」是有追究，加以處理的意思，如：查禁、查辦。

「宀」部的「察」是對一件事情從旁仔細分辨清楚的意思，如：觀察、視察。例如：檢「察」官來

檢「查」，也來視「察」。警「察」到處巡「查」，都有一定的寫法，千萬不要弄錯。

## 三、閱讀與寫作

### 內容深究

(一) 提出問題，師生共同討論。

1.文章理解的問題，請參考前面歸納大意的問題。

2.情意擴展的問題。

①你丟了東西，也會像那個商人焦急得如熱鍋上的螞蟻嗎？

②你覺得觀察重要嗎？能從生活中舉出一些例子嗎？

③平常老師一進教室，你會仔細觀察老師的臉或穿著嗎？

3.文意探索的問題。

①商人丟掉東西，怎麼成了一隻熱鍋上的螞蟻？

②老人憑什麼知道商人掉了米和蜂蜜？

③老人爲什麼知道帶走商人東西的人，左腳短了一些呢？

## 形式深究

㈠文體說明：

本課是記敘文，敘述一個商人丟了一袋米和蜂蜜，而一位老人憑他仔細的觀察，指點商人如何找回丟失的東西。

㈡段落安排：

1.第一段：有一個商人丟了一袋米和蜂蜜。

2.第二段：有一位老人說帶走東西的人，左腳短了一些。

3.第三段：老人以地上深淺不同的腳印、米粒和蜂蜜，證明他的觀察是正確的。

4.第四段：經過老人的指點，商人果然找回他丟失的東西。

㈢ 結構分析：

找東西
- 起因：商人丟了一袋米和蜂蜜。
- 內容：老人的觀察：
  1. 地上有米粒和一些蜂蜜。（知道商人丟掉的東西。）
  2. 地上深淺不同的腳印。（知道帶走東西的人左腳短了一點。）
  3. 順著腳印去找東西。
- 結論：商人聽了老人的話，果然找到那個左腳短了一點的人，也找回失物了。

這是一篇敘事的記敘文，以商人丟掉東西爲事件發生的開頭。在尋找東西的過程中，老人和商人的態度有了鮮明的對比，商來只是來來回回地找著，而且急得像熱鍋上的螞蟻。老人則顯得很冷靜，他仔細的觀察，找出到底是誰拿了商人的東西，並且指點商人找回丟失的米和蜂蜜。

㈣ 主旨說明：

仔細觀察就能發現問題，進而解決問題。（不會觀察的孩子，經常會「視而不見」，失掉許多學習的機會。懂得如何觀察的孩子，在生活周遭經常會有新的發現，如：快下雨了，他看到地上的螞蟻紛紛往樹上爬，爲什麼？經過一番仔細的觀察之後，他知道這是下雨前的一種現象。如果再看到這種情形，他就能夠解決問題了。）

㈤ 修辭說明：

1. 譬喻修辭：

喻詞是「彷彿」：

課文：他把錢弄丟了，在路上來回不停的找著。彷彿一隻熱鍋上的螞蟻。

例句：他長得高頭大馬，迎面走來彷彿是一頭大象。

2. 並列句：

「時而……時而……」：

課文：老人時而指著地上的一行腳印，時而說明著。

例句：他上課時很不專心，時而偷吃東西，時而偷看漫畫書。

3. 因果句：

「……所以……」：

課文：你看，右邊的腳印深了一點，所以我知道那個人的左腳短。

例句：你看，你嘴邊沾了一些巧克力，所以我知道你吃了巧克力蛋糕。

4. 遞進句：

「……並且……」：

課文：商人謝謝老人，並且請教他：「現在我該怎麼辦？」

例句：哥哥想要出國留學，並且選擇他夢寐以求的知名大學。

5.目的句：

「……爲了……」：

課文：爲了找到丟失的東西，商人就順著腳印往前走，果然找到那個左腳短一點的人，拿回那一袋米和蜂蜜。

例句：爲了這次的演說比賽，姐姐因爲想要得到好成績，就虛心接受一些專家的指導。

# 四、教學資料庫

## 語文補充

(一)疊字詞：

1.來回→來來回回
2.輕鬆→輕輕鬆鬆
3.甜蜜→甜甜蜜蜜
4.詳細→詳詳細細
5.平安→平平安安

㈡ 有趣的標點符號：

世界上女人沒有男人，可憐！

世界上女人沒有，男人可憐！

世界上，女人沒有男人可憐！

㈢ 猜字謎：

1. 心在門內。——猜一字（悶）
2. 吳先生說話。——猜一字（誤）
3. 樹木的主人。——猜一字（柱）
4. 拿刀子割稻。——猜一字（利）
5. 一個人站在山谷邊。——猜一字（俗）
6. 天大的嘴。——猜一字（吞）
7. 用心耕田。——猜一字（思）

㈣ 形近字：

辦：（辛）部——辦公、辦事。

瓣：（瓜）部——花瓣、幾瓣。

辯：（辛）部——辯才、辯論。

辨：（辛）部——辨別、分辨。

辮：（辛）部——辮子、綁辮子。

深：（水）部——深度、很深。

探：（手）部——探長、探路。

蜜：（虫）部——蜜蜂、甜蜜。

密：（宀）部——密切、密友。

蜂：（虫）部——蜜蜂、蜂蜜。

峰：（山）部——山峰、高峰。

鋒：（金）部——鋒利、刀鋒。

烽：（火）部——烽火。

## 習作解答

A本

習作(一)

1.(重重的)2.(甜甜的)3.(瘦瘦的)4.(小小的)
5.(大大的)6.(細細的)7.(可怕的)8.(認眞的)

習作(二)

1.(來回)2.(回來)3.(說明)4.(明說)5.(故事)6.(事故)

B本

習作(一)

1.(商人果然找到他丟掉的東西,因爲他順著腳印往前走。)
2.(遊客不斷的湧上山去,因爲山上開滿了五顏六色的鮮花。)
3.(地上的螞蟻開始往樹上爬,是告訴我們快下雨了。你知道嗎?)

習作(二)

1.（寫景）2.（如：尊重國旗、重視環保、爲國爭光等。）

# 第五課 心得分享

## 一、聆聽與說話

### 引起動機

(一)語文遊戲：聯想大會串

1.將班上學生分成甲、乙兩組。

2.每組學生可以共同討論，提出五樣東西讓對方聯想。如：甲組先提出「手機」，乙組有人說：「手機就是友誼，因爲它是朋友之間溝通的橋梁。」

3.再來換乙組出題，如：出「蘋果」，甲組有人回答：「蘋果就是媒婆，促成白雪公主和白馬王子結婚。」

4.每組把預先準備好的五樣東西，讓對方去聯想，當然聯想得好，分數就越高，負責打分數的是老師。

5.最後由老師公布兩組所得的分數，並加以講評。

(二)語文對話：

上一課的小小劇場是「怎麼少了一個蘋果」，完全配合第四課的主旨：「仔細觀察就能發現問題，進而解決問題。」小強要到超市買五個蘋果回家，讓媽媽做好吃的蘋果派。可是回到家裡，卻少了一個蘋果。小強不知道發生了什麼事？媽媽仔細觀察一番，終於找出答案了。讓學生在角色扮演當中，更深刻體會觀察的重要。

## 講述大意

(一)概覽課文：以默讀方式，把課文讀一遍。

(二)提問以歸納大意：利用問題，指導學生練習歸納全文的意義。

1. 這次讀書會的主席是誰？
2. 文華是怎樣介紹畫眉鳥的生活情形？
3. 獵人爲什麼要捕捉畫眉鳥？
4. 大家要怎樣保護畫眉鳥呢？

(三)綜合各段的段落大意，說出全文的內容大意。

當讀書會主席的文華，先介紹畫眉鳥的生活情形，再說獵人爲了生意大量捕捉畫眉鳥，最後希望大家愛護鳥兒從自己做起。

# 二、閱讀與識字

## 詞語教學

㈠學生課前預習，提出新詞，並查字辭典，了解新詞的意思。

㈡學生上課前提出新詞，老師請學生試念，並指導正確的發音和寫法。

㈢教師詢問學生對詞語的了解，若有特殊生字，也要加以指導。

㈣本課詞語指導：

1. 分享：一起享有。

「分」：「合」的相反字。把事情弄明白，如：分別。分開不在一起，如：分散。

例句：能分享同學有趣的生活情形，是一件很愉快的事。

引導：「分」可以加上哪些部首，又組成一個新的字？如：紛、芬、吩、氛、粉、份……

「享」：受用，消受，如：享受。獲得，如：享年七十歲。

引導：古人說：「有福同享，有難同當。」這句話是說大家的關係很好，可以做到一起享受，有困難時也可以一起面對。

2. 文華：書中人物名。「華」：中國的古稱，如：華夏。光彩美麗，如：華麗。

例句：這次文華當讀書會的主席，他的報告充實又精彩，贏得很多掌聲。

3. 主席：①開會時負責主持會議，維持秩序的人。②宴會時主人坐的位置。「席」：座位，如：出席、來賓席。量詞，如：一席話、一席酒。

例句：今天的小組討論會議，輪到我當主席，我覺得很緊張。

4.畫眉鳥：鳥名，背部黃褐色，腹部是黃白色，眼上有一點白斑，看起來眞像眉毛。雄鳥的叫聲優美好聽，但喜歡爭鬥。雌鳥個性安靜，不叫也不鬥。「眉」：眼上額下的細毛，如：眉毛。形容人的面貌端莊秀麗，如：眉清目秀。

例句：我曾經養了一隻畫眉鳥，有一天卻飛走了，讓我很難過。

5.悅耳：形容聲音好聽，或是所說的話使人愉快。「悅」：使人感覺愉快，如：悅目、悅耳。溫和愉快的臉色，如：和顏悅色。

例句：畫眉鳥悅耳的聲音，眞叫人百聽不厭。

6.遊戲：玩耍嬉戲。「戲」：玩耍，如：遊戲。捉弄別人，拿人開心，如：戲弄。運用語言、動作等效果，來表情達意的一種藝術，如：戲劇。

例句：賭博不是一種遊戲，你千萬不要陷下去，不然會傾家蕩產的。

7.獵人：捕捉禽獸的人。「獵」：捕捉禽獸，如：打獵。想辦法得到，如：獵取。

例句：聽說古時候的獵人射箭技術好，幾乎是百發百中啊！

引導：猜一猜：臘肉被狗吃了。——猜一字（獵）

8.大量：數目很多。「量」：數目的多少，如：降雨量。衡量自己的力量，如：量力而爲。

例句：我喜歡走進森林裡大量吸收芬多精，身心覺得很舒暢。

9.捕捉：抓起來。「捕」：捉拿，如：捕捉。比喻說話或做事，沒有事實做根據，如：捕風捉影。
「捉」：抓或拿，如：捕捉、捉賊。比喻代替別人寫文章，如：捉刀。
例句：花貓費了九牛二虎之力，才捕捉了一隻小老鼠。
引導：猜一猜：同胞兄弟。——猜一字（捉）
10.珍惜：十分看重並愛惜。「珍」：寶貴的，如：珍品。認爲有價值而小心的收藏，如：珍藏。
例句：珍惜你目前所擁有的，你將是最幸福的人。
引導：「珍」、「診」、「疹」、「殄」用法是不相同的。如：皮膚上長出小顆粒叫「疹」，生病了要到「診」所找醫師「診」治。你不能隨便浪費東西，那叫暴「殄」天物。
11.盡心：用盡所有的精神和能力。「盡」：全力，如：盡力。終點，如：盡頭。
例句：這次班上的同樂會由我策劃，我一定會盡心盡力做好。
12.愛護：對人或物愛惜並保護。「護」：保衛、救助，如：保護、救護。隨同前往並保護安全，以免發生意外，如：護送。
例句：愛護貓和狗，不要隨意丟棄牠們，是目前社會極力推展的一項活動。
13.意義：語言文字所含的意思。「義」：合理的事物，如：正義、見義勇爲。合乎道德規範的行爲，如：義不容辭、大義滅親。
例句：關懷社區老人是一件有意義的事，你爲什麼不做呢？
引導：猜一猜：我想騎羊，沒想到反而被羊騎。——猜一字（義）

14.讀書會：爲閱讀書籍而組成的團體。「讀」：看，如：閱讀。閱讀書本、報紙、雜誌的人，如：讀者。研究書本的內容，如：讀書。

例句：這學期我參加了讀書會，已經閱讀二十幾本書了。

## 生字教學

1.學生課前預查字音、字義、部首，並寫在習作A本上。

2.本課生字有：

①習寫字：

分（刀）部　享（亠）部　華（艸）部　席（巾）部　眉（目）部

悅（心）部　戲（戈）部　獵（犬）部　量（里）部　捕（手）部

捉（手）部　珍（玉）部　盡（皿）部　護（言）部

②認讀字：讀（言）部

3.辨別特殊生字：

「享」是「亠」部首，下面是「子」，不要寫成「了」，跟「亨」弄混了。

「護」、「獲」、「穫」三個字的字形很相近，學生不容易分辨。可以先從部首分辨，再從字義方面分辨。如：他小心翼翼的保「護」他種的黑珍珠蓮霧，等到收「穫」時，終於「獲」得金牌獎。

## 三、閱讀與寫作

### 內容深究

(一)提出問題，師生共同討論。

1.文章理解的問題，請參考前面歸納大意的問題。

2.情意擴展的問題。

①如果你當主席，事先會做好準備嗎？

②你覺得讓小鳥住在籠子裡好？還是大自然裡好？

③聽到小鳥唱歌，你心裡有什麼感受？

3.文意探索的問題。

①文華擔任主席，他說的主題是什麼？

②畫眉鳥成群躲在樹林裡做什麼？

③大家愛護鳥兒要從哪裡做起最重要？

### 形式深究

(一)文體說明：

本課是詩歌，先報告畫眉鳥的生活，一起唱歌一起遊戲。再點出畫眉鳥已經遭受危機，被獵人大量捕捉。最後希望大家要愛護鳥兒，而且從自己做起。

(二)段落安排：

1.第一段：這次輪到文華當讀書會的主席。
2.第二段：文華說明畫眉鳥的生活情形。
3.第三段：獵人大量捕捉畫眉鳥。
4.第四段：愛護鳥兒要從自己做起。

(三)結構分析

心得分享
- 先說：畫眉鳥住在樹林，生活快樂。
- 再說：畫眉鳥被獵人大量捕捉。
- 後說：愛護鳥兒要從自己做起。

這是一篇詩歌，以「畫眉鳥」爲主題，對畫眉鳥的羽毛、歌聲及玩樂的情形，都有詳細的描述。接下來，這個美好的畫面被破壞了，是誰破壞了?就是一群爲了做生意的獵人。如果大地沒有了小鳥，看不到牠們飛翔的樣子，聽不到牠們的歌聲，那我們人類將會覺得寂寞啊!所以我們要愛護小鳥，而且每一個人都從自己做起。

㈣ 主旨說明

參加讀書會，是學習的好機會。（除了讀一讀學校的教科書之外，能夠大量閱讀課外讀物，是增進語文能力的不二法門。許多孩子寫作時，常常寫不出東西來，這是因爲他的肚子裡實在沒有墨水，怎麼擠出東西來呢？像文中所寫的讀書會，每一次不是閱讀一篇文章，就是讀一本書，然後心得分享，實在是學習的好方法。）

㈤ 修辭說明

1.並列句：

「既……又……」：

課文：他以「畫眉鳥」爲題，說得既生動又詳細。

例句：他長得既高大又孔武有力，沒有人敢欺負他。

2.並列句：

「一起……一起……」：

課文：畫眉鳥一起唱歌一起遊戲。

例句：吃午餐時，大家一起聽音樂一起吃便當。

3.目的句：

「……爲了……」：

課文：有些獵人爲了做生意，大量捕捉鳥兒不珍惜。

例句：有些商人為了賺錢，在食品中添加一些防腐劑。

# 四、教學資料庫

## 語文補充

㈠跟「盡」有關的成語故事：江郎才盡

在南北朝時候，有個著名的文學家，他的名字叫江淹。江淹年輕的時候，家裡非常窮苦，可以說是「家徒四壁」，但他非常喜歡讀書，經常餓著肚子，也能寫出非常精彩的文章，漸漸地他有了名氣，後來更是名滿天下，因此大家稱他為「江郎」。江淹有了名氣之後，朝廷聘他做大官，當了大官生活完全改變了，每天吃的不是山珍就是海味。而且又有僕人、女婢侍奉著他。跟以前經常餓著肚子的窮苦日子，相差一萬八千里喔！從此，江淹不再努力，才思也大大減退，再也寫不出好文章了。因此當時的人就說他「江郎才盡」了。

現在用這個成語來比喻本來很有文才，後來文思減退的人。

㈡「盡」和「儘」的區別：

「盡」和「儘」讀音字形相似，但是意思不同。「盡」有完全用出的意思，如：盡力、盡忠、盡心。「儘」有聽其自然的意思，如：這篇文章的內容你儘管自己去發揮，不要受別人影響。

(三)「愛惜」和「珍惜」的分別：

「愛惜」的意思，是因爲喜愛或重視，而捨不得破壞或浪費。「珍惜」的意思是十分看重愛惜。這兩個語詞都含有「喜愛憐惜」的意思，但「珍惜」比「愛惜」重視的程度還要高，表示非常寶貴而愛惜的意思。

(四)猜謎：

一頂皇冠戴頭上，
漫步在大眾面前，
尾巴打開像花扇，
成了注目的焦點。
——猜一種動物（孔雀）

貓臉小博士，
聽說學問好，
白天睡大覺，
夜晚咕咕叫。
——猜一種動物（貓頭鷹）

㈤ 一字多音：

分
（ㄈㄣ）——分發、分開。
（ㄈㄣˋ）——本分、身分。

華
（ㄏㄨㄚˊ）——華僑、華麗。
（ㄏㄨㄚˋ）——華山、華先生。

量
（ㄌㄧㄤˊ）——商量、量體溫。
（ㄌㄧㄤˋ）——量力而為、量入為出。

㈤ 形近字

補：（衣）部——補習、補衣服。
捕：（手）部——捕捉、捕青蛙。
埔：（土）部——埔口、黃埔江。
哺：（口）部——哺育、哺乳動物。

獵：（犬）部——打獵、獵人。
臘：（肉）部——臘肉、臘腸。
蠟：（虫）部——打蠟、蠟油。

享：（亠）部——享受、分享。
哼：（口）部——哼哼唱唱、哼著歌。
亨：（亠）部——亨通。

群：（羊）部——一群、群眾。
裙：（衣）部——長裙、裙帶關係。

## 習作解答

### A本

習作㈠

1.（淅瀝瀝）2.（嘩啦啦）3.（香噴噴）4.（笑嘻嘻）5.（靜悄悄）

習作㈡

1.（×）2.（○）3.（×）4.（×）

### B本

習作㈠

1. ⑷
2. ⑶
3. ⑸
4. ⑺
5. ⑴
6. ⑹
7. ⑵

習作㈡

1. ⑶

2. ⑴

3. ⑴

4. ⑴

# 第六課 漁翁和孩子

## 一、聆聽與說話

### 引起動機

(一)語文遊戲：誰來吃晚餐？

1.將班上學生分成適當的組。

2.老師事先說明清楚：每組可以做出五道菜，用畫的，用寫的都可以。

3.每組學生發給一張畫面紙，共同討論晚餐吃些什麼？然後將五道菜寫在畫面紙上，會畫圖的同學可以用圖畫表示。

4.每一組推派一兩名同學上臺報告，如：「我們這一組的晚餐有清蒸魚、紅燒肉、青豆炒蝦仁、麻婆豆腐、玉米濃湯，歡迎大家來吃晚餐。」

5.每組都報告完之後，由全班同學選擇喜歡吃哪一組做的晚餐。

6.最後由老師公布來吃晚餐人數最多的那一組獲勝。

(二)語文對話：

上一課的小小劇場是「父子騎驢」，是敘述一對父子牽了一頭驢子要到市場賣。在途中，他們父子聽路人的話，一下子讓兒子騎上驢，一下子兒子下來讓父親騎上驢，最後父子兩人都騎上驢，可是路人還是有話說，使父子兩人只好扛起驢子走路，以致驢子掉進河裡。讓學生角色扮演之後，從中體會到，人要有自己的想法，而別人的意見只是一種參考，不然就像劇中的這一對父子。

## 講述大意

㈠ 概覽課文：以默讀方式，把課文讀一遍。

㈡ 提問以歸納大意：利用問題，指導學生練習歸納全文的意義。

1. 海邊有什麼人？他們在做什麼？
2. 孩子爲什麼不撿貝殼，而看漁翁釣魚呢？
3. 漁翁要送魚給孩子，孩子有怎樣的反應？
4. 最後漁翁有怎樣的決定？

㈢ 內容大意：綜合各段的段落大意，說出全文的內容大意。

在海邊，漁翁在釣魚，他釣了許多魚，撿貝殼的孩子站在旁邊看。漁翁回家時要送孩子一條魚，孩子不要魚而要魚竿。最後漁翁送孩子魚竿，還教他釣魚的技術。

# 二、閱讀與識字

## 詞語教學

㈠ 學生課前預習，提出新詞，並查字辭典，了解新詞的意思。

㈡ 學生上課前提出新詞，老師請學生試念，並指導正確的發音和寫法。

㈢ 教師詢問學生對詞語的了解，若有特殊生字，也要加以指導。

㈣ 本課詞語指導：

1. 漁翁：釣魚的老人。「翁」：年老的男人，如：漁翁。稱自己的父親，如：家翁。「漁」：捕魚，如：漁業。打魚的人，如：漁夫。

例句：有一個漁翁在河邊釣魚，釣了很久一條魚都沒上鉤，眞可憐！

引導：猜一猜：魚戲水中。——猜一字（漁）

2. 撿貝殼：就是把沙灘上的貝殼拾起來。「撿」：把掉在地上的東西拾起來，如：撿拾。不應得到的，如：撿便宜。「殼」：物體堅硬的外皮，如：貝殼、蛋殼。

例句：我曾經在海灘撿貝殼，撿到一個小小的、潔白無瑕的貝殼，如今還放在我的書桌上。

引導：什麼是貝殼？就是貝體所分泌的硬殼，可以觀賞或製成裝飾品。有一首詩歌很好玩，可以教學生朗讀：海邊小貝殼，請你告訴我：「你的年紀小，爲什麼皺紋不少？」小貝殼輕輕回答我：「那是一條條錄音帶，錄下大海的聲音。」

3.釣魚：用魚餌誘魚上鉤。「釣」：釣魚用的食物，如：釣餌。用手段取得，如：沽名釣譽。
例句：我對釣魚沒興趣，因爲我不想讓魚兒離開牠的家。
4.技術：根據知識或經驗所發展成的技巧和能力。「技」：本領或手藝，如：技術。具有專門技術的人，如：技術員。「術」：技能才藝，如：武術、醫術。方法，如：防身術、戰術。
例句：水果改良的技術已經大爲進步，所以我們可以吃到無子葡萄、無子西瓜。
5.露出：表現出來。「露」：表現出來，如：露出笑容、財不露白。露水凝成像圓珠子的形狀，如：露珠。
例句：你在公共場所千萬不要露出你的錢包，小心扒手喔！
6.羨慕：看到別人有某種長處或好的東西，而希望自己也能得到。「羨」：因爲喜歡而想得到，如：羨慕。「慕」：愛慕別人的美名，如：慕名。欽佩，如：仰慕。
例句：大家都很羨慕小妮有個好奶奶，會做各式各樣的蛋糕。
7.魚竿：用竹子做的，可以釣魚的用具。「竿」：竹幹，如：竹竿。
例句：爸爸親自做了一根魚竿，每次和朋友去釣魚都滿載而歸呢！
引導：「竿」是用竹子做的，而「杆」是用木做的。
8.肯送我：答應送我的意思。「肯」：表示確定或承認，如：肯定。允許，如：首肯。
例句：你有一大把的玫瑰花，肯送我一朵嗎？
9.不僅：不只的意思。「僅」：不過，只，如：僅有。
例句：他不僅會唱好聽的歌，還會拉小提琴。

10.一條：單位量詞的一種，指細而長的，如：一條魚，一條線。「條」：狹而細長的東西，如：紙條、麵條。有層次，有秩序，如：有條不紊。

例句：哥哥買了一條鱷魚皮的皮帶，看起來非常帥氣。

11.一餐：一頓飯的意思。「餐」：供人吃飯的場所，如：餐廳。吃飯的方式，如：中餐、西餐。

例句：有人賺錢很辛苦，要好好吃一餐飯還眞不容易。

12.海灘：海邊的沙地。「灘」：江、湖、河、海邊水深時淹沒，水淺時露出來的地方，如：海灘。水邊的沙時地，如：灘頭。

例句：在海灘上玩沙子，堆成一座座的城堡，最有意思了。

## 生字教學

1.學生課前預查字音、字義、部首，並寫在A本上。

2.本課生字有：

①習寫字：

翁（羽）部　撿（手）部　殼（殳）部　釣（金）部　技（手）部

術（行）部　露（雨）部　羨（羊）部　慕（心）部　竿（竹）部

條（人）部　餐（食）部　肯（肉）部　僅（人）部

②認讀字：

灘（水）部　桶（木）部

3.辨別特殊生字：

「羨」的意思是看見別人有大肥羊，因爲喜歡而流口水。因此「羊」的下面是三點水的「次」，不要寫成「次」。

「殼」是「殳」部首，和「穀」非常相似，引導學生不要弄錯了。「穀」是「禾」部首，是糧食的總稱，如：五穀、稻穀。

「釣」字是「金」部首，「勺」中間一點，是有垂釣的意思，不要寫成一橫。

## 三、閱讀與寫作

### 內容深究

㈠提出問題，師生共同討論。

1.文章理解的問題，請參考前面歸納大意的問題。

2.情意擴展的問題。

①孩子在海灘上撿貝殼做什麼？

②如果是你，你要魚還是釣竿？

③有人說：「一竿在手，樂趣無窮」，你能體會這句話嗎？

3.文意探索的問題。

①孩子看見漁翁釣魚，爲什麼不撿貝殼了？

②漁翁爲什麼要送孩子一條魚呢？

③孩子爲什麼要一根釣竿而不要魚呢？

## 形式深究

(一)文體說明：本課是一篇記敘文，敘述一個孩子和漁翁之間發生的事。

(二)段落安排：

1.第一段：海灘上，孩子撿貝殼，漁翁在釣魚。

2.第二段：漁翁釣了許多魚，孩子站在旁邊看，露出羡慕的表情。

3.第三段：漁翁送孩子一條魚，孩子卻要釣竿。

4.第四段：漁翁送孩子釣竿，還教他釣魚的技術。

(三) 結構分析：

漁翁和孩子
- 起：釣魚。
- 承：釣了很多魚。
- 轉：魚竿比魚重要。
- 合：用魚竿釣魚。

這是一篇記敘文，漁翁以為給孩子一條魚，是很大的好處了，沒想到孩子很懂事，想得到一根可以釣魚，天天有魚吃的釣竿。

(四) 主旨說明：

一技在手，受用無窮。（有一技之長的人，走到哪裡都是受人歡迎的。換句話說，有一技之長的人，有謀生的能力，就不怕餓肚子。像文中孩子的選擇是對的，一條魚很快就吃完了，如有一根釣竿不是天天有魚吃嗎？如果現在有一塊金子和點金術，你願意擁有一塊金子，還是要學學點金術呢！）

(五) 修辭說明：

1. 遞進句：

「不僅……還……」：

課文：漁翁聽了，不僅送給孩子一根魚竿，還教他釣魚的技術。

例句：老師不僅教我們唱聖誕快樂歌，還請我們吃糖果。

2.假設句：

「倘若……就……」：

課文：「倘若您要送我魚。」孩子說：「就送我一根魚竿吧！」

例句：倘若你要請我吃飯，就請我愛吃的西餐吧！

3.選擇句：

「不要……要……」：

課文：「你不要魚，要魚竿做什麼？」漁翁覺得奇怪。

例句：我不要在家看電視，我要去電影院看電影。

4.遞進句：

「……並且……」：

課文：漁翁已經釣了許多魚，並且收好魚竿準備回家了。

例句：哥哥已經寫完功課，並且換好球衣準備去打籃球了。

## 四、教學資料庫

### 語文補充

(一)猜一猜：

一根竹竿握手裡，
一條線垂在水裡，
下面動了上歡喜，
上面動了下著急。
——猜一種休閒活動（釣魚）

小珍珠，眞可愛，
只能看，不能採。
大清早在荷葉上，
太陽出來就不見。
——猜一種自然現象（露珠）

㈡歇後語：「姜太公釣魚——願者上鉤」

據說姜太公曾經在渭水旁釣魚，他釣魚的方法跟別人都不一樣，他的魚線沒有鉤子，更沒有魚餌，而且離開水面三寸，用這種方式哪能釣到魚？有人提出心中的疑問？姜太公很輕鬆的說：「願意被我釣起來的魚，就會上鉤啊！」所以這句話就成了有趣的歇後語。如現在社會上有許多詐騙集團，如：金光黨，就擺明著：他們是姜太公釣魚，而你們願意的話就上鉤（上當）了！

㈢ 古人說：「財不露白，露白必傷財。」

露白就是把錢或貴重的東西顯示出來，傷財就是財物損失了。這句話是說：不要隨便把錢財或寶物顯現在外，會引起貪心的人或不法之徒打主意，當然就會有所損失。所以出外旅遊時，更要小心財不露白，才不會發生錢財損失或生命危險。

㈣ 一字多音：

露
- (ㄌㄨˋ)——露水、露珠。
- (ㄌㄡˋ)——露出、財不露白。

覺
- (ㄐㄩㄝˊ)——覺得、覺醒。
- (ㄐㄧㄠˋ)——睡覺、午覺。

多
- (ㄉㄨㄛ)——多嘴、多話。
- (ㄉㄨㄛˊ)——多好、多美。

㈤ 形近字

- 補：(衣)部——補習、補衣服。
- 捕：(手)部——捕捉、捕青蛙。

- 灘：(水)部——沙灘、海灘。
- 攤：(手)部——攤販、攤位。

檢：（木）部——檢查、檢討。
撿：（手）部——撿到、撿拾。
儉：（人）部——節儉、儉樸。

搖：（手）部——搖頭、搖船。
謠：（言）部——謠傳、謠言。
遙：（辵）部——遙遠、遙控。

釣：（金）部——釣竿、釣魚。
均：（土）部——平均、均分。

## 習作解答

### A本

習作㈠

1. 撿：（撿貝殼）（撿到）
技：（技術）（技巧）

2. 釣：（釣魚）（釣竿）
鈴：（鈴聲）（扯鈴）

3. 傷：（傷口）（受傷）
僅：（不僅）（僅有）

4. 羨：（羨慕）（欣羨）
義：（正義）（意義）

習作(二)

1.（既然）（就）2.（如果）（就）3.（不僅）（還）4.（如果或既然）（就）

5.（不僅）（還）6.（如果或既然）（就）

B本

習作(一)

1.（漁）（魚）2.（檢）3.（撿）4.（已）（以）5.（多）6.（都）

習作(二)

1. (2) 2. (1) 3. (3)

## 總說

# 第三單元 喜歡讀書

本單元是為了配合知識爆炸的時代，鼓勵學生認識書，進而願意多逛書店，多看書。

在此單元中，第七課「讀好書」是以簡單的迴文詩形式，告訴大家要多看好書，多充實知識。第八課「唐詩」是以王之渙的「登鸛雀樓」，來介紹唐詩三百首這本書。第九課「逛書店」引導學生除了看手邊的書，還會想看看書店裡的書。

| 課別 | 教材說明 | 教學重點 | 教學建議 |
| --- | --- | --- | --- |
| 七、讀好書 | 1. 本課是利用迴文詩可以順著讀、反著讀的特點，說明並解釋「讀好書，書讀好，好讀書，讀書好」這十二個字。<br>2. 「好」有「ㄏㄠˇ」和「ㄏㄠˋ」兩個音，音不同，意思就不一樣。 | 1. 理解課文中的詞語和句子，認識並能分辨「讀好書，書讀好，好讀書，讀書好」不同的意思。<br>2. 學習引號中再要使用引號時，就要用雙引號。<br>3. 認識「好」破音字的讀法和用法。 | 1. 本課生字「舉」、「掌」要注意寫法的指導。<br>2. 語文活動念一念「誰能說說……」，這是問句，最後用問號，念的時候，尾音要上揚。<br>3. 語文活動的小小劇場，介紹美國民歌「哦！蘇珊娜！」可以利用音樂帶或帶著學生唱，以引起學生參與的興趣。 |

## 八、唐詩

### 教材說明

1. 本課是介紹唐詩三百首這本中國人很喜歡讀的書讓學生認識。
2. 以唐朝王之渙淺顯易懂，而且寓意深遠的「登鸛鵲樓」，來引起學生學習、閱讀的興趣。

### 教學重點

1. 理解課文中的詞語和句子，認識並能翻譯「登鸛鵲樓」這首詩的意思。
2. 認識「五言」、「七言」、「絕句」的意思。

### 教學建議

1. 本課生字「窮」、「將」要注意寫法的指導。
2. 可以到圖書館借唐詩三百首，或要求學生由家中帶來，讓學生翻一翻書。
3. 老師可以配合語文活動，帶著學生念幾首淺顯的詩，說說詩中的意思，希望能引起學生好奇，以後能自動學習。

## 九、逛書店

### 教材說明

1. 本課是延續前兩課，「好讀書」到看看唐詩三百首，現在這課是帶著學生逛書店，開開學生的眼界。
2. 雜亂無章的書架，看起來不舒服，找起書來也不方便，所以這課指導學生「分類」的概念。
3. 語文活動有「認識成語」，讓學生知道「成語」是什麼。

### 教學重點

1. 理解課文中的詞語和句子，知道「書店」是賣什麼東西的地方。
2. 認識當地的書店在哪兒，知道如何由書店的分類擺放，找到所需的書籍。
3. 能分辨「旅遊的書」、「美容的書」、「自然科學」、「世界名著」、「漫畫」、「繪本書」的不同。

### 教學建議

1. 本課生字「類」、「擺」、「旅」要注意寫法的指導。
2. 坐而言不如起而行，可以帶著學生去逛書店，或要求學生由家長帶著前往。若兩者皆有不便，也可以指導學生上網瀏覽網路書店。
3. 語文活動「認識成語」，可以每週要求學生認識一到二個成語，以加強語文能力。

# 第七課 讀好書

## 一、聆聽與說話

### 引起動機

㈠ 語文遊戲：五官錯位

1. 班上同學坐好，主持人隨意到任何一個同學的面前，指著鼻子說：「這是我的耳朵。」
2. 那位同學就要說出正確的答案：「這是我的鼻子。」但是，他不可以指著自己的鼻子說話，而是指著眼睛或耳朵。
3. 老師事先說明清楚：練習的範圍是眼、眉、耳、鼻、口。等大家熟練了，還可以加上左手、右手、左腳、右腳。
4. 做錯的人，就要去當主持人

㈡ 語文對話：

上一課的小小劇場是「漁夫的願望」，敘述漁夫先生抓到海龍王的兒子，得到三個願望。太太希望有熱狗飽餐一餐，結果第一個願望實現了。先生看了很生氣的說：「希望熱狗都長在你的鼻子上。」果然，第二個願望實現，太太的鼻子上掛上熱狗。最後先生只好用第三個願望，讓熱狗消失。結果他們許了三個願望，卻什麼東西都沒得到。這告訴我們，無論說話、做事都一定要仔細考慮呀！

## 講述大意

㈠概覽課文：以默讀方式，把課文讀一遍。

㈡提問以歸納大意：利用問題，指導學生練習歸納全文的意義。

1.同學進教室在黑板上看到什麼？

2.「好」這個字可以念什麼音呢？

3.同學們一起討論那十二個字的意思？

4.最後老師怎麼說？

㈢內容大意：綜合各段的段落大意，說出全文的內容大意。

在教室的黑板上有十二個字，大家一起討論這十二個字的意思，最後老師希望大家多看書，多充實知識。

# 二、閱讀與識字

## 詞語教學

(一)學生課前預習，提出新詞，並查字辭典，了解新詞的意思。

(二)學生上課前提出新詞，老師請學生試念，並指導正確的發音和寫法。

(三)教師詢問學生對詞語的了解，若有特殊生字，也要加以指導。

(四)本課詞語指導：

1. 讀好書：閱讀好的書籍。「讀」：把文字一個一個的往下念，如：朗讀。閱覽，如：讀書。

例句：我們要多讀好書，才可以充實我們的知識。

引導：讀文章的時候，在沒完的句子或文詞下面，可以稍微頓一頓，叫「讀（ㄉㄡˋ）」，如：句讀。

2. 搶著：大家爭著。「搶」：奪取，如：亂搶。爭著做，如：搶先。

例句：老師問的問題很簡單，大家都搶著回答。

3. 舉手：把手揚起來。「舉」：把東西高高提著或拿著，如：舉重。推選，如：選舉。

例句：上課時要發言一定要先舉手。

4. 意思：意義。「思」：想，動腦筋，如：思索。惦念，如：思鄉。

例句：你說這話的意思我不明白。

5. 芳華：青春年華。在本課是人名。「芳」：香，如：芳香。指道德或名譽好，如：流芳百世。

「華」：我國古代稱「華夏」，現在稱「中華」，簡稱爲「華」，如：華語。光彩，漂亮，如：華麗。時光，時間，如：年華。

例句：我們要好好充實自己，不要讓芳華虛度。

6.好處：好的部分，好的地方。「處」：地方，場所，如：住處。部分，點，如：短處。

例句：他說把這件事做好也沒有好處。

7.清楚：很明白。「楚」：鮮明的樣子，如：衣冠楚楚。形容痛苦，如：苦楚。

例句：爸爸將三國演義的內容說得很清楚。

引導：「楚」是樹名，古時拿它的枝條做小杖打人，如：夏楚。

8.熱烈：高度情感的表現。「烈」：很強的，很猛的，如：猛烈。剛強，嚴正的，如：剛烈。爲正義犧牲性命的，如：烈士。

例句：我們熱烈歡迎來我們學校的客人。

9.鼓掌：拍手的意思。「鼓」：樂器名。（請以實物或照片示意。）「掌」：手心這一面叫手掌，簡稱爲「掌」。

例句：他鼓掌的聲音好大喲！

10.充實：內容充足豐富。「充」：滿，實，如：充足。

例句：他這篇作文內容充實。

11.知識：對各種事物的認識。「識」：知道，能辨別，如：認識。見解，如：見識。

例句：他的爺爺學識非常淵博。

## 生字教學

1. 學生課前預查字音、字義、部首，並寫在習作A本上。

2. 本課生字有：

習寫字：

讀（言）部　吉（口）部　搶（手）部　舉（臼）部　思（心）部

芳（艸）部　華（艸）部　處（虍）部　楚（木）部　烈（火）部

鼓（鼓）部　掌（手）部　充（儿）部　識（言）部

3. 辨別特殊生字：

「舉」的意思是兩手相與（合）的意思。

「楚」是不高，叢生的木。到叢林中，容易被棘刺所傷，這種叢木就稱爲「楚」。

「掌」本義是「手中」，就是手心的意思。上面是個「尚」，下面是個「手」。

㈠ 提出問題，師生共同討論。

1. 文章理解的問題，請參考前面歸納大意的問題。

2. 情意擴展的問題。

①請說說看什麼樣的書才能成爲好書？

②讀書的好處很多，請說說看哪些是讀書的好處？

③好讀書就是喜歡讀書的意思，請舉一個好讀書的例子。

3.文意探索的問題。

①老師請大家念黑板上的十二個字，元吉爲什麼搶著舉手？

②老師說「只有好讀書的好應該念第四聲」，這話是什麼意思？

③芳華說完，大家爲什麼要熱烈鼓掌？

## 形式深究

㈠文體說明：本課是一篇記敘文，敘述老師和學生討論黑板上的十二個字。

㈡段落安排：

1.第一段：老師要大家念黑板上的十二個字，元吉只有一個字念錯了。

2.第二段：芳華說明黑板上十二個字的意思。

3.第三段：老師希望大家多看好書。

㈢結構分析：

讀好書
- 先說：黑板上十二個字的音。
- 再說：黑板上十二個字的意思。
- 後說：大家要多讀好書。

這是一篇記敘文，討論「讀好書，書讀好，好讀書，讀書好」的意思，老師並鼓勵大家多看書。

㈣主旨說明：

多看好書，才能充實知識。（閱讀，是增進語文能力的不二法門。在今日知識爆炸的時代，每一個人都必須擁有高深的學問，所以從小就要培養閱讀興趣）

㈤修辭說明：

轉折句：

「……只有……」：

課文：元吉念得很好，只有「好讀書」的「好」，應該念第四聲。

例句：他們一家都喜歡唱歌，只有二哥不喜歡。

# 四、教學資料庫

## 語文補充

㈠「迴文」

1.「迴文」（亦稱「回文」）是將詩中文字反覆交叉運用，並且利用正、倒或斜讀等方式形成多線循環迴圈。例如一般人耳熟能詳的「也可以清心」就是最簡單的迴文，將這五字以順時針方式繞圈，無論從哪一字開始讀都可以構成意義，連綿不絕。迴文詩大約始於晉朝蘇伯玉之妻所作的三言盤中詩，晉代竇滔的妻子蘇蕙寫了迴文璇璣圖詩，一共八百四十個字所排成的方塊，可以反反覆覆讀出好幾千首三、四、五、六、七言詩。中國文字單音、獨體、方正的特性有利於迴文或頂眞，類似創作也一直是文人聊以自娛的消遣。五代詩人徐夤有一首極佳的「迴文詩」：

輕帆數點千峰碧，水接雲山四望遙。
晴日海霞紅靄靄，曉天江樹綠迢迢；
清波石眼泉當檻，小徑松門寺對橋，
明月釣舟漁浦遠，傾山雪浪暗隨潮。

這首詩將它倒過來念，也同樣極爲通暢並有意境：

潮隨暗浪雪山傾，遠浦漁舟釣月明。
橋對寺門松徑小，檻當泉眼石波清；
迢迢綠樹江天曉，靄靄紅霞海日晴。
遙望四山雲接水，碧峰千點數帆輕。

在中國的「迴文詩」裡，相傳蘇東坡所寫的這首極有奇趣，這首有點變型的詩，要這樣念：

賞花歸去馬如飛，去馬如飛酒力微。
酒力微醒時已暮，醒時已暮賞花歸。

2. 拼音文字裡，像「公民的」(Civic)、「水平」(Level)、「雷達」(Radar)、「夫人」(Madam)等單

字，無論正著念或反著念，都是一樣。這種字即稱爲「迴文」(Palindrome)。單字有迴文，句子當然也可以迴文。西方最早的迴文詩人據說是紀元前三世紀的希臘詩人蘇塔德斯（Sotades)。傳說中，此人齒尖舌利，把國王托勒密二世惹火了，將他捆進麻布袋丟到了大海裡。古希臘最著名的迴文詩句，乃是後來在教堂及聖水盤上經常可見的這個句子：Nipson anomemata me monan ospin（不僅洗你的臉，也洗你的罪）。

把「迴文詩」發揚光大的，據說是古羅馬詩人維吉爾（Virgil 70-19BC）。

古羅馬流行一種稱爲「方塊體」的迴文詩，它不但在留存迄今的義大利古建築上可看到，一九三六年考古學家在美索不達米亞的杜拉古城遺址挖掘中也找到最古老的證據——這是一首五乘五的方塊詩，無論從左從右，從上從下，讀起來都是一樣。這首詩將它翻譯，意思是「播種的人，很難抓穩他的手推車。」其方塊如下：

SATOR
AREPO
TENET
OPERA
ROTAS

㈢ 一字多音：

好
- （ㄏㄠˇ）—好事、好人。
- （ㄏㄠˋ）—喜好、好賭。

教
- （ㄐㄧㄠˋ）—教室、教育。
- （ㄐㄧㄠ）—教學生、教書匠。

處
- （ㄔㄨˋ）—到處、壞處。
- （ㄔㄨˇ）—處理、處罰。

㈣ 形近字

- 槍：（木）部—手槍、槍彈。
- 搶：（手）部—搶奪、搶匪。

- 歡：（欠）部—喜歡、歡迎。
- 觀：（見）部—參觀、觀禮。

## 習作解答

A本

習作㈠

1. 書（日）↓（書本）↓（上學要記得帶書本。）

2. 鼓（鼓）→（鼓手）→（他是一個有名的鼓手。）

3. 掌（手）→（手掌）→（他的手掌好大呀！）

4. 知（矢）→（知道）→（這件事你知道多少？）

5. 識（言）→（認識）→（他沒有辦法認識所有的同學。）

習作㈡

1. （喜歡的意思。）

2. （因爲芳華說得很清楚。）

3. （因爲大家都願意多看好書，多充實知識。）

B本

習作㈠

1. 搶（ㄑㄧㄤˇ）→（搶劫）（搶手）

2. 槍（ㄑㄧㄤ）→（刀槍）（手槍）

3. 艙（ㄘㄤ）→（客艙）（船艙）

4. 方（ㄈㄤ）→（方便）（方正）

5. 芳（ㄈㄤ）→（芳香）（芬芳）

6. 防（ㄈㄤˊ）→（防止）（預防）

7. 仿（ㄈㄤˇ）→（仿冒）（模仿）
8. 訪（ㄈㄤˇ）→（訪問）（拜訪）
9. 紡（ㄈㄤˇ）→（紡紗）（紡織）

習作㈡

1. ⑶　2. ⑶　3. ⑴　4. ⑵

第八課 唐詩

# 一、聆聽與說話

## 引起動機

㈠ 語文遊戲：越吃越多

1. 由任何一個人開始，說「今天中午我吃了一塊牛肉。」
2. 第二個人立刻把他的話重複一次，並加上一樣食物。「今天中午我吃了一塊牛肉，兩碗飯。」
3. 第三個人立刻把他的話重複一次，並加上一樣食物。「今天中午我吃了一塊牛肉，兩碗飯，三個魚丸。」
4. 第四個人立刻把他的話重複一次，並加上一樣食物。「今天中午我吃了一塊牛肉，兩碗飯，三個魚丸，四塊豆腐。」
5. 假如有人記不得前面人所說的東西，或是自己的食物加不上去，只好由下一個人繼續下去。

㈡ 語文對話：

上一課的小小劇場是「哦！蘇珊娜！」介紹一首有趣的美國民謠。「整夜下著雨，天氣十分乾燥。太陽如此炎熱，差一點把我凍死……」歌詞眞是有意思！民謠，平易近人，大家都能唱，而且唱起來能獲得大家的共鳴。想一想：大家帶著夢想，搭著篷車，四、五十輛的車隊浩浩蕩蕩的前往西部。從早到晚車隊裡都傳出「哦！蘇珊娜！」的歌聲，那是多麼溫馨的一幕呀！

## 講述大意

(一) 概覽課文：以默讀方式，把課文讀一遍。

(二) 提問以歸納大意：利用問題，指導學生練習歸納全文的意義。

1. 誰送作者一本華人很喜歡讀的書，書名是什麼？
2. 「上高樓」這首詩的意思是什麼？
3. 姑姑爲什麼希望作者能多讀好詩？
4. 要怎麼樣讀唐詩三百首呢？

(三) 綜合各段的段落大意，說出全文的內容大意。

姑姑送作者一本唐詩三百首，他們看了一首王之渙「上高樓」的詩，姑姑告訴作者讀唐詩三百首，要從絕句開始讀。

# 二、閱讀與識字

## 詞語教學

(一)學生課前預習，提出新詞，並查字辭典，了解新詞的意思。

(二)學生上課前提出新詞，老師請學生試念，並指導正確的發音和寫法。

(三)教師詢問學生對詞語的了解，若有特殊生字，也要加以指導。

(四)本課詞語指導：

1.唐詩：唐代詩歌的總稱。包括古詩、律詩、絕句等體裁。唐詩是唐朝文學代表，和宋詞、元曲並稱於世。可分爲初、盛、中、晚四期。初唐的王勃；盛唐的李白、杜甫；中唐的元稹、白居易；晚唐的杜牧、李商隱，可做爲代表人物。「唐」：朝代名或姓。

例句：唐詩三百首是中國文學的傳承！

2.百首：數量詞。「百」：數量詞，例如：個、十、百、千。

例句：唐詩三百首是中國文學的傳承！

3.王之渙：唐邊塞詩人。「渙」：水勢盛大。

4.欲窮：有實體存在的事物形象，相對於抽象而言。「白日依山盡，黃河入海流，欲窮千里目，更上一層樓。」這首詩的前兩句是具象事物的描寫，後兩句是抽象感情的寄托。「欲」：想、要、打算。「窮」：說完、用盡。如：窮人。

例句：白日依山盡，黃河入海流，欲窮千里目，更上一層樓。

5.千里目：看到千里以外的事物。「千」：數名，百的十倍。「里」：家鄉，如：鄉里。「目」：眼睛，如：雙目。

例句：白日依山盡，黃河入海流，欲窮千里目，更上一層樓。

6.即將：將要、就要。「即」：立刻，如：立即。「將」：快要，如：將來。

例句：她即將到國外留學，這幾日正忙著向親朋好友道別。

7.消失：不見、不復存在。「消」：滅了。如：消滅。

例句：那艘船漸行漸遠，終於消失在海的那一頭。

8.追求：努力探求。「求」：尋找，因愛慕而親近。如：求婚。

例句：科學實驗的目的就是在追求眞相。

例句：因第一印象良好，他決定對林小姐展開熱烈的追求。

9.絕句：一種近體詩。每首四句而合平仄格律的詩。分每句五個字的五言絕句，及每句七個字的七言絕句兩種。「絕」：斷了。如：斷絕。

例句：孟浩然是歷史上擅長寫絕句的高手。

10.五言：每句五字的詩。爲詩體的一種，有古詩、絕句、律詩、排律等形式。「言」：說的話。如：言語。

例句：唐代詩人王維創作了不少膾炙人口的五言詩。

## 生字教學

1. 學生課前預查字音、字義、部首，並寫在習作A本上。
2. 本課生字有：
唐（口）部　百（白）部　渙（水）部　欲（欠）部　窮（穴）部
千（十）部　里（里）部　目（目）部　即（卩）部　將（寸）部
消（水）部　求（水）部　絕（糸）部　言（言）部
3. **辨別特殊生字：**
「窮」的意思是貧乏。上面是「穴」，指土室、山洞的意思，「穴」下面有一個「身」，一個「弓」；指一個人弓著身子住在山洞中，可見他實在太「窮」了。
「即」右邊爲部首「卩」，不要寫成「阝」。
「將」字左邊爲部首「爿」，不可以寫成「片」。

# 三、閱讀與寫作

## 內容深究

㈠ 提出問題，師生共同討論。

1.文章理解的問題，請參考前面歸納大意的問題。

2.情意擴展的問題。

①除了唐詩三百首，你知道還有什麼是中國人喜歡看的書？

②「上高樓」的詩的意涵，可不可以用在指讀書方面？

③請說說「五言絕句」和「七言絕句」有什麼不同？

④請說說姑姑和作者是什麼關係？

3.文意探索的問題。

①欲窮千里目的「窮」是什麼意思？

②為什麼姑姑對作者說：「多讀好詩，就能更上一層樓。」

③讀唐詩三百首為什麼要從絕句入手？

## 形式深究

㈠文體說明：本課是一篇記敘文，敘述姑姪讀唐詩三百首的情形。

㈡段落安排：

1.第一段：作者拿到姑姑送的唐詩三百首，看了一首「上高樓」的詩。

2.第二段：介紹「上高樓」這首詩的內容。

3.第三段：姑姑要作者多讀好詩。

4.第四段：讀唐詩三百首要從絕句入手。

㈢結構分析：

唐詩
- 起：作者看唐詩三百首裡的「上高樓」。
- 承：「上高樓」這首詩的意思。
- 轉：姑姑要作者多讀好詩。
- 合：讀唐詩三百首要從絕句入手。

這是一篇記敘文，姑姑送作者一本唐詩三百首，他們看了一首「上高樓」的詩，姑姑告訴作者，讀唐詩三百首要從絕句開始讀。

㈣主旨說明：

要想看得更高，看得更遠，就得爬上更高的地方。

㈤修辭說明：

1.轉折句：

「……但是……」：

課文：謝謝你，但是要如何讀這本書呢？

例句：他很愛吃牛排，但是加了蘑菇醬的就不愛吃。

2. 條件句：

「不管……都……」：

課文：不管是五言或七言的絕句，因爲只有四句，詩句都比較明白。

例句：不管是刮風下雨都要上學。

## 四、教學資料庫

### 語文補充

(一) 念一念：顛倒歌

倒唱歌，順唱歌，
河裡石頭滾上坡。
我打弟弟門前過，
看見弟弟搖外婆。

(二) 唐詩的發展史簡介：

唐詩的作者眾多，內容豐富，風格多采多姿，清康熙年間敕編的全唐詩共九百卷，其中包括作者二千二百餘位，作品有四萬八千九百首，唐詩歷來的選本很多，最爲人所熟悉的是清人蘅塘退士所選的唐詩三百首。

唐代是中國古典詩歌發展史上的黃金時代，而唐詩興盛的原因可分爲數個方面：

1. 唐代國勢盛隆，聲威遠播，外國使節紛紛來朝，好像日本、高麗、百濟、新羅、吐蕃都相繼派遣大批留學生到中國學習。文化學術上的交流，促使文學藝術上的蓬勃發展，詩歌的興盛當然不會例外。
2. 另外，隋朝開創科舉制度，唐朝承襲隋制，而詩賦就是當時科舉主要科目之一。貧苦的讀書人有了這種晉身官場的新途徑，自然努力鑽研，因此就有許多精於詩賦的人，爲唐詩的發展鋪路。
3. 唐代的帝王，大部分文學細胞都很豐富，從高祖到太宗都在各地廣設學校，更於京城設立弘文館、崇文館。上有好者，下必甚焉。帝王既然喜好文學，就會召來傑出的詩人爲他們歌功頌德，玄宗曾召李白入宮寫下清平調三章，憲宗詔白居易爲翰林學士，穆宗提拔元稹爲祠部郎中，類似種種給詩人的恩寵，給讀書人一種榜範，令他們努力吟詩作文，希望有朝一日躍登龍門。
4. 此外，詩歌經過漢、魏六朝的發展，開拓了不同的領域，唐詩總結了前人的經驗，吸收了不同社會層面的內容，逐漸形成了內容深邃的唐詩。

㈢網站：

1. 「溫柔在頌唐詩三百首」，提供唐詩的線上讀看聽玩寫及檢索功能。
   http://cls.admin.yzu.edu.tw/300/Home.htm
2. 「唐詩三百首」，含中文及英文譯本全文。

http://etext.lib.virginia.edu/chinese/frame.htm

(四) 一字多音：

更
- （ㄍㄥˋ）—更高、更遠。
- （ㄍㄥ）—更改、更動。

將
- （ㄐㄧㄤ）—將來、將軍。
- （ㄐㄧㄤˋ）—將士、少將。

幾
- （ㄐㄧˇ）—幾天、幾句。
- （ㄐㄧ）—幾乎。

## 習作解答

### A本

習作(一)

1. 詩（人）→（人類）→（類別）→（別說）
2. 景（色）→（色盲）→（盲生）→（生活）
3. 句（號）→（號角）→（角色）→（色紙）
4. 思（想）→（想念）→（念頭）→（頭髮）
5. 物（品）→（品質）→（質料）→（料理）

6. 海（面）：（面前）→（前門）→（門口）

習作(二)

1.（順著）、（禮物）→（只要順著這條路走，你就能得到一份禮物。）

2.（消失）、（容易）→（你想讓這隻大熊消失，那可不容易。）

3.（打開）、（明白）→（只要能打開盒蓋，你就能明白他的意思。）

4.（希望）、（高興）→（希望你們能了解父母的苦心，孝順父母，讓他們高興。）

B本

習作(一)

請老師指導學生回答。

習作(二)

1.(2) 2.(4) 3.(1) 4.(1)

# 第九課 逛書店

## 一、聆聽與說話

### 引起動機

(一)語文遊戲：誰的卡片多

1. 老師事先準備一疊小卡片，每張卡片寫上一本書的書名。
2. 師生共同討論，將這些書分類爲：語文、史地、旅遊、美容、自然科學。
3. 閃示卡片，讓學生記憶這些已分類的書名。
4. 第二次閃示書名，由最快舉手的學生說出分類
5. 說出正確分類的學生，就獲得那張有著書名的小卡片。
6. 最後統計看哪個學生獲得最多小卡片。

(二)語文對話：

上一課的小小劇場是介紹代表極爲相思的「紅豆」，紅得發亮，有心形線條的「紅豆」，和我們平時吃的紅豆糕，喝的紅豆湯裡的紅豆不同，弄錯時，可是鬧笑話了。

### 講述大意

(一) 概覽課文：以默讀方式，把課文讀一遍。

(二) 提問以歸納大意：利用問題，指導學生練習歸納全文的意義。

1. 作者一家坐捷運到臺北車站逛什麼街？

2. 書店裡的書怎麼放，所以看起來很整齊？

3. 爸爸看什麼書？媽媽看什麼書？作者看什麼書？

4. 作者為什麼說上午的收穫眞不少？

(三) 內容大意：綜合各段的段落大意，說出全文的內容大意。

作者一家逛書街，書店裡的書分類排放，看起來很整齊。全家進書店，爸爸看旅遊的書，媽媽看美容的書，作者看繪本書。一個上午逛五家書店，作者還買了兩本書，覺得收穫不少。

## 二、閱讀與識字

### 詞語教學

㈠學生課前預習，提出新詞，並查字辭典，了解新詞的意思。

㈡學生上課前提出新詞，老師請學生試念，並指導正確的發音和寫法。

㈢教師詢問學生對詞語的了解，若有特殊生字，也要加以指導。

㈣本課詞語指導：

1.逛書店：在書店裡隨意走動。

「逛」：隨意動，如：逛街。

例句：爸爸常在假日時，帶我們去逛逛書店或看電影。

2.捷運：利用地面、地下或高架設施，不受其他地面交通干擾，使用特定的動力車輛行駛於特定路線，大量且密集的輸送都市及周圍地區旅客的公共運輸系統。「捷」：戰勝，如：大捷、捷報。快速，如：捷徑、捷足先登、捷運（爲改善都市交通而興建的道路體系，具有減輕或緩和幹線路的交通密度或交通流量的功能）。

例句：捷運系統完成後，可以節省人們許多通車的時間。

3.臺北：地名。

「北」：方位名，與「南」相對，如：北方、北極、北回歸線。失敗，如：敗北。

例句：臺北市是臺灣省的直轄市之一。

4.人潮：形容人數眾多。

「潮」：海水受日月引力而產生定時起落的現象，如：退潮、漲潮。如潮水般起伏的事物，如：思潮、風潮。溼，如：潮溼。

例句：百貨公司的年終大拍賣，吸引了大批的人潮。

5.異口同聲：大家都說同樣的話。形容眾口一辭，意見相同。「異」：奇怪、特別的，如：異樣、奇裝異服。感到奇怪、驚訝，如：「訝異」。不同的、另外的，如：異性、異地。分開，如：夫妻離異。

例句：眾人異口同聲的要求老闆改善工作環境的品質。

6.分類：區分類別。「類」：相似，如：類似。由相同或相似的人、事、物聚合而成的種別，如：人類、種類、物以類聚。大概、大抵，如：大類。量詞，計算事物類別的單位，如：三類貨物。

例句：垃圾分類、檔案分類。

7.擺得：放置。「擺」：放置、陳列，如：擺設。搖動，如：擺手、搖頭擺尾。故意顯露，如：擺架子。會搖動的物體，如：鐘擺。

例句：這張畫擺得位置很好。

8.旅遊：旅行遊覽。「旅」：出遊或客居，如：旅客、旅遊。軍隊的通稱，如：軍旅。軍隊的編制，如：裝甲旅。軍官名，如：旅長。

例句：此次到歐洲旅遊，不但參觀了許多頗富盛名的歷史古蹟，同時還結交到多位志同道合的友伴。

9.兒童：指年紀小，未成年的男女。「童」：小孩子，未成年的人，如：兒童。未結婚的，如：童男、童女。未成年的僕役，通僮，如：書童、家童。光禿的，如：童山濯濯。

例句：父母在為孩子選擇影片欣賞時，應注意不要選擇兒童不宜的。

10.自然科學：研究自然界各種物質及現象的科學。如：物理學、化學、動物學、植物學、礦物學、生理學、數學等。科：專門的類別、項目，如：百科、內科。法律、條目，如：作奸犯科、金科玉律。定罪，用法律加以處罰，如：科以罰金。機關內分別辦事的單位，如：兵役科、文書科、人事科。

例句：自然科學的進步，有助於人類生活品質的提升。

11.漫畫：抓住人物特點，用誇張、歪曲等手法，表現出滑稽、諷刺等感覺的繪畫。筆法簡單，不拘形式。題材自由變換，或出於想像，或從時事及眞實人生中取材，而以趣味爲主。「漫」：水滿而流出來，如：水漫金山寺。放任不受拘束，如：散漫、漫不經心。長遠的。如：漫漫長路、漫漫長夜。

例句：這位畫家以幽默的筆調、諷刺的手法來畫漫畫，常能博君一笑。

12.繪本書：含有圖畫和簡單文字的書。「繪」：作畫、畫圖，如：繪畫、描繪。比喻描述、形容，如：繪影繪聲。

例句：幾米是臺灣著名的繪本書作者。

13.離開：與人、物或地方分開。「離」：由合而分，如：分離、離開。距、相隔，如：距離、我家離學校很近。背叛。如：眾叛親離。奇異不合常理，如：離奇。

例句：他離開故鄉北上，希望能找到一份好工作。

14.收穫：割取成熟的農作物。農夫在春天播種插秧，到秋天就可以收穫了。泛指得到成果或利益。「穫」：收割農作物，如：一分耕耘，一分收穫。

例句：參與這場研討會，使我收穫不少。

## 生字教學

1.學生課前預查字音、字義、部首，並寫在習作A本上。

2.本課生字有：

逛（辵）部　捷（手）部　北（匕）部　潮（水）部　異（田）部

類（頁）部　擺（手）部　旅（方）部　童（立）部　科（禾）部

漫（水）部　繪（糸）部　離（隹）部　穫（禾）部

3.辨別特殊生字：

「北」是會意字，兩人背對背，心相違，行為也不一樣。不能寫成方向相同的「比」。

「類」本義就是「種類」。意思是性相同或近似的。因為犬最相似，所以「類」字裡有個「犬」。

「穫」指收割已經成熟的稻子，所以是「禾」部。

# 三、閱讀與寫作

## 內容深究

㈠提出問題，師生共同討論。

1. 文章理解的問題，請參考前面歸納大意的問題。

2. 情意擴展的問題。

①走出了臺北車站，就是一條有名的書街，你知道這條街名是什麼嗎？

②書爲什麼要分類排放？

③圖書館的書一共有幾類？你看過的書店裡的書有沒有分類呢？

④作者「津津有味」的看起來，這是什麼意思？

3. 文意探索的問題。

①「順著人潮，走出了車站」，表示臺北車站的人多不多？

②爲什麼大家會「異口同聲」的說：「好」？

③作者爲什麼能很快的找到喜歡看的繪本書？

## 形式深究

(一) 文體說明：本課是一篇記敘文，敘述全家逛書店的情形。

(二) 段落安排：

1. 第一段：全家到臺北車站後，決定去逛書店。

2. 第二段：書店裡的書有分類，每人都找自己的書看。

3. 第三段：作者逛了五家書店，買了兩本書，覺得收穫不少。

(三) 結構分析：

逛書店
- 先說：作者全家到書街，準備逛書店。
- 再說：全家在書店的情形。
- 後說：覺得逛書街的收穫眞不少。

這是一篇記敘文，作者全家逛書店，書店裡的書分了類，大家都看自己喜歡看的書，覺得有很大的收穫。

(四) 主旨說明：

多看書，多買書，充實我們的知識見聞。

(五) 修辭說明：

1. 承接句：

「一……就……」：

課文：一進書店，就可以看到整個書店裡，滿滿的都是書。

例句：一進教室，就看到同學們的笑臉。

2. 並列關係：

課文：爸爸喜歡看旅遊的書，媽媽喜歡看美容的書，他們兩人就站在不同的書架前，找自己需要的書。

例句：爸爸愛吃牛肉麵，媽媽愛吃排骨麵，兩人進了麵館，就點自己愛吃的麵來吃。

## 四、教學資料庫

### 語文補充

(一)中國圖書分類法簡表：

0.總類 Generalities，1.哲學類 Philosophy，2.宗教類 Religions，3.自然學類 Natural Sciences，4.應用科學類 Applied Sciences，5.社會科學類 Social Sciences，6.、7.史地類 History and Geography（6.中國、7.世界），8.語文類 Language and Literature，9.美術類 Arts。

(二)網路書店：

1.金石堂網路書店

http://www.dks.com.tw/default.asp

2.三民網路書店

http://www.sanmin.com.tw/

3.神州網路書店

http://www.shjobook.com.tw/catalog/commerce.php

4.博客來網路書店

http://www.books.com.tw/

5. Amazon線上書店（英）

http://www.amazon.com/exec/obidos/subst/home/home.html/002-9719288-9726453

6. 誠品網路書店

http://www.eslitebooks.com/cgi-bin/eslite.dll/index.jsp

(八) 一字多音：

著
- （˙ㄓㄜ）——走著、哭著。
- （ㄓㄠ）——著急。
- （ㄓㄠˊ）——著火。
- （ㄓㄨˋ）——名著。

不
- （ㄅㄨˋ）——不同、不一樣。
- （ㄅㄨˊ）——不會、不要。

(九) 形近字

- 軍：（車）部——軍人、國軍。
- 運：（辵）部——運氣、好運。

站：（立）部——車站、站牌。
占：（卜）部——占卜。
佔：（人）部——佔領、強佔。

管：（竹）部——不管、管理。
館：（食）部——飯館、圖書館。

逛：（辵）部——逛街、閒逛。
狂：（犬）部——狂人、發狂。

詩：（言）部——詩人、唐詩。
侍：（人）部——侍從、侍者。
寺：（寸）部——寺廟、寺院。

欲：（欠）部——欲望、欲速不達。
卻：（卩）部——退卻、卻是。

河：（水）部——河水、小河。
荷：（艸）部——荷花、荷葉。
何：（人）部——何必、何人。

## 習作解答

A本

習作㈠

（書架）（書房）（書桌）（書套）（書信）（書街）（書蟲）

習作㈡

1.（我們坐捷運到熱鬧的臺北車站。）
2.（我們異口同聲的大聲回答說：「好！」）
3.（爸爸幫我買了兩本有趣的繪本書。）
4.（整個書店上上下下滿滿的都是書。）

B本

習作㈠

1. 旅遊的書：（大地紀行）（環球一百八十天）
2. 美容的書：（最新美容一百招、瘦身新法）
3. 自然科學：（天上的星星、常見的鳥、美麗的花）
4. 世界名著：（小王子、拉拉與我、魔法衣櫥、哈利波特）

5. 漫畫：（小叮噹、小亨利）

習作(二)

1. (3)

2. (4)

3. (1)

## 總說

# 第四單元 啓示

本單元主題是「啓示」，共有三課：第十課是「蚌和水鳥」，是一篇寓言，敘述一隻蚌和一隻水鳥之間的一場爭執。牠們爭執的結果，都成了漁翁晚餐豐盛的食物了。第十一課是「狐狸和葡萄園」，也是一篇寓言，敘述一隻非常聰明的狐狸，他想吃葡萄園裡的葡萄，因爲他鑽不進去竹籬笆內，於是把自己餓瘦了，再鑽進去大吃一頓，吃飽了，他卻鑽不出來了。第十二課「滴水穿石」，也是一篇寓言，敘述下雨時，小水滴會滴在大石頭上，它並且立志要將大石頭穿一個洞。雖然大石頭嘲笑他，但小水滴靠著努力不懈的精神，終於把大石頭穿一個洞。

寓言是寄託一種高深意義的故事，讀了寓言，是會得到啓示的。如「蚌和水鳥」的寓言，告訴我們兩人之間的爭執，往往會讓第三者佔了便宜。「狐狸和葡萄園」的寓言，讓我們體會到「智者千慮必有一失」吧！「滴水穿石」的寓言，鼓勵我們只要持續不斷的努力，一定會獲得成功的。

## 十、蚌和水鳥

| 教材說明 | 教學重點 | 教學建議 |
| --- | --- | --- |
| 1.本課是一篇寓言。先寫一隻蚌在沙灘上曬太陽，再寫一隻水鳥飛過來，咬住蚌殼裡的肉，而蚌把殼合起來。最後寫他們互不相讓，都成了漁翁桌上的晚餐了。<br>2.語文活動中，注重「動詞」的修飾語，使動作更生動更鮮明。 | 1.本課的句型有：轉折關係的「雖然……但……」。並列關係的「不……不……」。<br>2.課文中用了譬喻修辭，喻詞是「像」，把經過陽光照射的「沙子」比方或「金子」，使句子生動極了。<br>3.習作中有「得」和「的」的分辨，讓學生了解在輕讀時，要注意使用的方式。 | 1.引導學生明白有所爭執時，如果雙方各讓一步，會有怎樣的結果。<br>2.補充資料中，跟「合」字有關的小故事「一口酥」，其實也是歷史故事。引導學生讀一讀，認識歷史人物生活中發生的一些事，能增加學生閱讀的興趣。<br>3.讓學生認識「蚌」，可以用猜謎方式，既有知識性，又能引起學生學習的意願。 |

## 十一、狐狸和葡萄園

### 教材說明

1.本課是一篇寓言，先介紹狐狸的聰明，因此有「智多星」之稱。再敘述他遇到困難了，想鑽進竹籬笆內吃葡萄，於是把自己餓瘦了，終於如願以償了。最後寫狐狸飽餐一頓，吃得肚子又大又圓，卻鑽不出來了。

2.語文活動中介紹兒歌，有些是知識性的，有些能夠押韻，有些沒什麼內容，但有趣味性。

### 教學重點

1.本課的句型有：因果關係的「……因此……」。遞進關係的「……還……」。並列關係的「又……又……又……」。

2.一些多音字和形近字的練習，可以養成學生不容易寫錯字，同時成爲辨字高手。

3.提供跟本課有關的繞口令及猜謎活動，可以加深學生學習的印象。

### 教學建議

1.引導學生想一想狐狸的行爲。跟「智者千慮必有一失，而愚者千思必有一得」的話，有什麼關連？

2.「語文補充」中，有一系列的資料跟課文互相結合。如介紹跟葡萄有關的葡萄酒，有趣的繞口令，還有以葡萄的「外形」所寫的謎語詩，引發學生動動腦筋之外，更認識怎樣寫詩。

## 十二、滴水穿石

### 教材說明

1.本課是一篇寓言，敘述大石頭和小水滴之間的對話。起先大石頭認爲小水滴在他身上，是幫他抓癢！進而嘲笑小水滴不自量力，最後這塊堅硬又強壯的大石頭，終於被又弱又小的小水滴穿一個洞了。

2.習作中閱讀教材：「鐵杵磨成針的故事」，可以配合主題教學。

### 教學重點

1.本課的句型有：條件關係的「……只要……」。遞進關係的「不只……而且……」。並列關係的「那麼……那麼……」。

2.主旨的說明可以配合諺語：「只要工夫深，鐵杵可以磨成針」來教學，讓學生體會下工夫是能克服困難的。

3.用了譬喻修辭中的明喻，喻詞是「好像」，讓句子更活潑、生動。

### 教學建議

1.指導學生「夢」、「懈」字書寫的筆畫。

2.「做」和「作」怎麼分別？在「語文補充」中有詳細的說明。

3.「語文補充」中「相反的詞義」的練習，可以讓學生認識及應用成語。

4.「俏皮話」或「歇後語」的教學，可以多加利用，增強教學的效果。

# 第十課 蚌和水鳥

## 一、聆聽與說話

### 引起動機

(一)語文遊戲：請你聽我說

1.將班上學生分成適當的組。

2.老師並事先說明清楚：每組選一個寓言說給大家聽。

3.每組學生發給一張畫面紙，共同討論說哪一個寓言？然後故事中的人物寫在畫面紙上，會畫圖的同學可以用圖畫表示，將更生動活潑。

4.每一組上臺說故事時，可以採用「角色扮演的方式」演出，如第一組將說「驢子、公雞和獅子」的寓言，上臺時，有人演驢子，有人演公雞，有人演獅子，這樣說故事的方式會顯得精彩而吸引人。

5.每組都說完一個寓言之後，最後由老師講評。

6.最後由全班同學票選哪一組說得最好。

(二)語文對話：

上一課的小小劇場是「各取所需」，內容非常有意思。是兒子問爸爸，什麼是各取所需？爸爸舉例說明家人去逛書店的事：爸爸看旅遊的書，媽媽看美容的書，而兒子看的是世界名著，這叫「各取所需」。相信學生學了之後，不僅懂得意思，還能活用在日常生活中，在家裡或班上，人際關係都會更好一些。

## 講述大意

㈠概覽課文：以默讀方式，把課文讀一遍。

㈡內容大意：提問以歸納大意：利用問題，指導學生練習歸納全文的意義。

1.早上的沙灘像什麼？

2.沙灘上發生了什麼事？

3.蚌和水鳥怎樣爭吵？

4.最後又發生了什麼事？

㈢綜合各段的段落大意，說出全文的內容大意。

一隻蚌在沙灘上曬太陽，被一隻水鳥咬住蚌殼裡的肉。蚌把殼合起來，夾著水鳥的嘴，牠們就這樣互不相讓，最後都成了漁翁的晚餐。

# 二、閱讀與識字

## 詞語教學

(一)學生課前預習，提出新詞，並查字辭典，了解新詞的意思。

(二)學生上課前提出新詞，老師請學生試念，並指導正確的發音和寫法。

(三)教師詢問學生對詞語的了解，若有特殊生字，也要加以指導。

(四)本課詞語指導：

1.沙灘：海邊的沙地。「灘」：江、湖、河、海邊水深時淹沒，水淺時露出來的地方，如：海灘。水邊的沙石地，如：灘頭。

例句：黃昏時，赤著腳在沙灘上走一走，那種感覺真好！

2.照在：對著，向著的意思。如：陽光照在沙灘上。「照」：光線投射在物體上，如：照射。知道，明白，如：心照不宣。

例句：溫暖的陽光照在大地上，到處顯得明亮，顯得生氣蓬勃。

3.翅膀：鳥類或昆蟲飛行的器官。「膀」：上臂靠近肩的地方，如：肩膀。排泄器官之一，如：膀胱。

例句：鳥類的翅膀引起人類的想像，因此人類發明了能翱翔天空的飛機。

4.咬住：用牙齒用力夾住。如：咬住一塊肉。「咬」：用牙齒弄碎東西，如：咬東西。靠近別人的耳朵說悄悄話，如：咬耳朵。

例句：烏鴉咬住一塊肉之後，趕快飛到一棵樹上要好好享受一番了。

引導：猜一猜：掉進書堆裡的老鼠。——猜一成語（咬文嚼字）

5.合起來：閉起來或關起來，如：我把書合起來。「合」：共同努力，如：合力。比較有利，如：合算。

例句：老師說把書合起來，你爲什麼把眼睛閉起來？

引導：猜一猜：人有一口。——猜一字（合）

6.張嘴：把口張開的意思。「嘴」：口的通稱，如：張嘴。指愛說話，如：多嘴、快嘴。

例句：小烏鴉年紀小，不會找食物，只有張嘴等媽媽餵牠吃蟲子。

引導：猜一猜：這是口角。——猜一字（嘴）

7.渴死：口渴時沒有水喝，因而死亡。「渴」：口乾很想喝水，如：口渴。非常的希望，如：渴望。「死」：失去生命，如：死亡。堅決的，如：死不承認。

例句：聽說許多探險家都在越過沙漠時渴死了，眞是可憐！

引導：「死亡」和「去世」都是指人死了。

8.雖然：轉折連詞，用在表示語氣的轉折，相當口語的「但是」、「儘管」。

9.痛苦：身體或精神上所受的苦痛。「苦」：「甜」的相反字，如：味道苦。在困苦的環境中，強自作樂，如：苦中作樂。

例句：他心裡很痛苦，表面上還裝作若無其事。

引導：猜一猜：黃蓮樹下唱歌。——猜一成語（苦中作樂）

10.不甘示弱：不願意把自己的缺點暴露出來。「甘」：形容很甜的滋味，很好的感覺，如：甘甜。自己承認不如別人，而且眞心佩服，如：甘拜下風。「弱」：力氣小，不強健，如：軟弱、示弱。身體很差，連一點風都受不了，如：弱不禁風。

例句：高頭大馬的同學欺負弟弟，弟弟也不甘示弱的還手。

11.餓死：因沒吃東西而死亡。「餓」：「飽」的反義字。肚子空空，想吃東西，如：飢餓。罵人貪吃或貪求無厭，如：餓鬼。

例句：冬天時，發生許多流浪漢餓死或凍死的消息，令人同情。

12.趕快：把握時機，加快速度。「趕」：從後面追上去，如：追趕。追求流行，如：趕時髦。

例句：快下雨了，在操場玩耍的學生趕快跑進教室裡。

13.蚌：軟體動物，生活在水中，用鰓呼吸，有兩扇堅硬的殼，肉可食用，殼可以做裝飾品，有的蚌能產出珍珠。

例句：媽媽的拿手好菜是蚌殼炒九層塔，味道美極了。

14.嚇了一跳：害怕的樣子。「嚇」：用嚴厲的話或暴力，使人害怕，如：恐嚇。

例句：我在寫功課，弟弟無聲無息的走過來，使我嚇了一跳。

引導：猜一猜：兩張血盆大口。——猜一字（嚇）

## 生字教學

1. 學生課前預查字音、字義、部首，並寫在習作A本上。

2. 本課生字有：

①習寫字：

光（儿）部　照（火）部　膀（肉）部　咬（口）部　合（口）部

嘴（口）部　渴（水）部　死（歹）部　雖（隹）部　苦（艸）部

甘（甘）部　弱（弓）部　餓（食）部　趕（走）部

②認讀字：

蚌（虫）部　嚇（口）部

# 三、閱讀與寫作

## 內容深究

(一)提出問題，師生共同討論。

1. 文章理解的問題，請參考前面歸納大意的問題。

2. 情意擴展的問題。

①當你看到蚌在曬太陽，卻突然遭到攻擊，你的心情會怎樣？
②蚌也還擊對方，你覺得合理嗎？
③「鷸蚌相爭，漁翁得利」你能體會嗎？

3.文意探索的問題。
①水鳥咬住蚌的肉，牠想做什麼？
②蚌和水鳥都想置對方於死地嗎？
③最後這場爭執，誰佔了便宜？

## 形式深究

(一)文體說明：本課是一篇寓言，敘述一隻蚌和一隻水鳥之間的一場爭執。

(二)段落安排：
1.第一段：早上的沙灘閃閃發亮。
2.第二段：蚌在曬太陽，卻被水鳥咬住肉。
3.第三段：蚌把殼合起來，也夾住水鳥的嘴。
4.第四段：最後牠們成了漁翁的晚餐。

㈢ 結構分析：

蚌和水鳥
- 發生時間：有一天早上。
- 發生地點：沙灘上。
- 起因：蚌在曬太陽，水鳥咬住牠的肉。
- 經過：蚌和水鳥互不相讓，要堅持到底。
- 結果：蚌和水鳥成了漁翁的晚餐。

這是一篇說明「鷸蚌相爭，漁翁得利」的寓言。故事告訴我們，兩個人之間的爭執，往往會讓第三者佔了便宜。如果能各讓一步，不僅能避免發生意外，還能享受「海闊天空」的舒坦。

㈣ 主旨說明：

兩個人之間的爭執，往往會讓第三者佔了便宜。（爲什麼兩個人之間的爭執，會讓第三者佔了便宜呢？其實是很明顯的道理，因爲雙方已經把機會讓給別人了。如果當初雙方各讓一步，蚌開了殼，水鳥鬆了嘴，那就平安無事。蚌就能繼續躺在沙灘上曬太陽，而水鳥也可以自由自在的飛翔，牠們當然不會成爲漁翁桌上的食物。）

㈤ 修辭說明：

1. 轉折句：

「雖然……但……」：

課文：蚌被夾住了肉，雖然很痛苦，但不甘示弱的回應。

例句：雖然今天天氣很冷，但他還是穿著一件薄薄的襯衫。

2.並列句：

「不……不……」：

課文：今天不下雨，明天不下雨，你就渴死了！

課文：我今天不張嘴，明天不張嘴，你就餓死了！

例句：你今天不運動，明天不運動，你就肥死了！

3.譬喻修辭：

「……像……」：

課文：陽光照在沙灘上，沙子像金子一樣閃閃發亮。

例句：露珠在荷葉上，像珍珠一樣的圓，一樣的美麗。

## 四、教學資料庫

### 語文補充

㈠ 跟「合」有關係的小故事：

楊修是三國時代的才子，他在曹操手下擔任行軍主簿。有一次，北邊一個國家託人送來一盒酥，是要給曹操吃的。曹操在盒子上寫了三個字「一合酥」，然後放在桌子上。楊修進來了，看見盒子上寫的字，就把那一盒酥餅分給大家吃了。曹操回來之後，找不到那盒酥餅，便問：「是誰吃了？」楊修回答說：「您在盒子上寫一人一口酥，我當然遵照您的指示，把餅分給大家吃。」曹操聽了不生氣，反而哈哈大笑，「一合酥」不就是一人吃一口嗎？曹操眞佩服楊修的聰明。從這個故事看來，古時候「合」和「盒」是通用的，可是現在已經不通用了。

㈡ 跟「嘴」有關的俗話和俏皮話：

1. 俗話：「刀子嘴，豆腐心。」這一句話是說，一個人的嘴巴像刀子一樣利，說話毫不留情面，讓對方很受不了。可是他的心不壞，就像豆腐一樣軟。如：你的老闆雖然把你罵得很慘，但不會辭掉你的，因爲他是一個「刀子嘴，豆腐心」的人。

2. 俏皮話：「老太太的嘴——吃軟不吃硬。」人老了，大都會掉牙齒，甚至掉光了，吃東西不方便，只好吃一些軟的東西。用來比喻一個人不會被強硬的外力所屈服。如：你別跟他硬碰硬，他可是「老太太的嘴——吃軟不吃硬」啊！

㈢ 古人說：「死有重於泰山，有輕於鴻毛。」

人是免不了一死的，但是有人死得有意義，如：爲國捐軀。有人死得一點都沒價值，如：自殺。這就有了很大的差別。所以「死有重於泰山，有輕於鴻毛」，就要看你自己的想法。

(四) 古人說：「吃得苦中苦，方為人上人。」

「苦中苦」是很苦的意思，「人上人」是超越一般人之上。這句話是說，人要能耐得住辛苦，以後的成就會比一般人高。如：你把「吃得苦中苦，方爲人上人」這句話當座右銘，一定會成功的。

(五) 猜謎：

大大兩扇門，
中間坐個小美人，
美人有珍珠，
緊閉大門不敢出。
——猜一種動物（蚌）

(六) 多音字：

合
- ㄍㄜˊ——公合。
- ㄏㄜˊ——合身、合家平安。

和
- ㄏㄜˊ——和平、溫和。
- ㄏㄢˋ——我和你。

好
- ㄏㄠˇ——好話、好多。
- ㄏㄠˋ——愛好、嗜好。

(七) 形近字

躺：（身）部——躺在、躺下。
趟：（走）部——走一趟、一趟路。
倘：（人）部——倘若、倘使。

魚：（魚）部——魚肉、魚鬆。
漁：（水）部——漁夫、漁船。

夾：（大）部——夾克、夾攻。
浹：（水）部——汗流浹背。
俠：（人）部——大俠、小飛俠。

喝：（口）部——喝水、喝果汁。
渴：（水）部——口渴、渴望。

## 解答參考

(一) A本：

習作(一)

1. （ㄎㄜˇ）（水）（口渴）
（ㄏㄜ）（口）（喝水）

2. (ㄙㄨㄟ)(隹)(雖然)
(ㄋㄢˊ)(隹)(難看)

3. (ㄜˋ)(食)(餓扁)
(ㄜˊ)(鳥)(白鵝)

4. (ㄧㄠˇ)(口)(咬死)
(ㄐㄧㄠ)(亠)(交通)

5. (ㄩˊ)(魚)(魚肉)
(ㄩˊ)(水)(漁夫)

習作(二)

| 我 | | | | |
|---|---|---|---|---|
| | 曬曬 | 太陽 | 眞 | 舒服！ |
| | (打打) | (籃球) | | (好玩！) |
| | (種種) | (玫瑰花) | | (開心！) |

| | | 高興的 | | |
|---|---|---|---|---|
| 水鳥 | | | 拍拍 | 翅膀。 |
| (小狗) | | | (搖搖) | (尾巴。) |
| (哥哥) | | | (洗洗) | (襪子。) |

㈡ B本：

習作㈠

1.（的）2.（得）3.（的）（得）4.（的）（得）5.（的）6.（的）（的）7.（的）（得）

習作㈡

1. ⑶ 2. ⑵ 3. ⑴

# 第十一課 狐狸和葡萄園

## 一、聆聽與說話

### 引起動機

㈠語文遊戲：愛護動物專案

1.將班上學生分成適當的組。

2.老師並事先說明清楚：每組認養一種動物。

3.每組學生發給一張書面紙，共同討論要認養哪一種動物？然後把該種動物的特性，愛吃些什麼及如何愛護牠的情形，詳細寫在書面紙上，會畫圖的同學可以幫忙用圖畫表示，使動物顯得活潑、吸引人。

4.每一組推派一名同學上臺報告，報告完後，將書面紙張貼在黑板上。

5.每組同學輪流上臺參觀或欣賞。

6.最後由老師講評，並由全班同學票選哪一組所設計的「愛護動物專案」最周詳。

㈡語文對話：

上一課的小小劇場是「樂羊的故事」，全劇只有兩個人，就是樂羊和他的妻子。有一天樂羊背著一個包袱，離開他的妻子去遠方求學。妻子在家辛勤織布等樂羊回來，沒想到樂羊竟然半途而廢，跑回來了。學生在對話時，可以體會到不管讀書或織布「半途而廢」，都不可能看到成果的。最後，樂羊有了恆心，終於功成名就了。

## 講述大意

㈠ 概覽課文：以默讀方式，把課文讀一遍。

㈡ 提問以歸納大意：利用問題，指導學生練習歸納全文的意義。
1. 狐狸在森林裡常做些什麼事？
2. 狐狸爲什麼要鑽進葡萄園吃葡萄？
3. 狐狸用了什麼妙計，才鑽進葡萄園？
4. 吃了葡萄，狐狸又遇到什麼困難？

㈢ 內容大意：綜合各段的段落大意，說出全文的內容大意。

一隻非常聰明的狐狸，他想吃葡萄園裡的葡萄，因爲竹籬笆很結實，他鑽不進去，於是他把自己餓瘦了，鑽進去大吃一頓，吃飽了，他卻鑽不出來了。

# 二、閱讀與識字

## 詞語教學

㈠學生課前預習，提出新詞，並查字辭典，了解新詞的意思。
㈡學生上課前提出新詞，老師請學生試念，並指導正確的發音和寫法。
㈢教師詢問學生對詞語的了解，若有特殊生字，也要加以指導。
㈣本課詞語指導：

1.狐狸：就是狐的通稱。「狐」：哺乳類的野獸，形狀有點像狼，耳朵三角形，尾巴長。性情狡猾多疑，尾巴能分泌很臭的氣味來嚇人。姓，如：狐先生。

「狸」：野獸名，體形像狐，顏色是黑褐色，四肢短小，尾巴粗長。

例句：童話中的狐狸都很聰明但常做壞事，大概是聰明反被聰明誤。

引導：猜一猜：狗啃瓜子。——猜一字（狐）

2.葡萄：落葉藤本植物，葉子掌狀分裂，開黃綠色的小花，果實圓形或橢圓形，多為紫色或淡綠色，味酸甜多汁，可以生食、製乾、釀酒。「葡」：藤本植物，蔓生，莖有捲鬚，果實圓或橢圓，味甜或酸，可供釀酒，如：葡萄。國名，如：葡萄牙。「萄」：果類植物，蔓生，果實可吃，亦可以釀酒，如：葡萄。

例句：一串串紫色的葡萄，看起來眞像一串串的風鈴。

引導：葡萄佔世界水果的百分之四十，是產量最多的水果。

3.聰明：對事情的記憶和理解能力很強。「聰」：智商高，理解力強，如：聰明。

例句：他實在很聰明，學習東西經常能舉一反三，所以特別有成就。

引導：「聰明」和「智慧」有什麼不同？「聰明」比較偏向一個人先天所具有的能力。如：記憶、推理、想像……。「智慧」是指一個人知識豐富，經歷多，對於人生有深刻的了解，所以通常用「智慧」來形容年齡較大的人。

4.成熟：指農作物或水果可以吃了。「熟」：植物的果實完全長好了，如：瓜熟蒂落。事情的發展接近完成，如：時機成熟。

例句：水果成熟了，自然會散發一種香味，非常吸引人。

5.森林：通常指大片生長的樹木。「森」：很多樹木生長在一大片土地上，如：森林。陰暗的樣子，如：陰森森。

例句：我們全家都喜歡到森林遊樂區玩，可以呼吸很新鮮的空氣。

引導：森林是木材的主要來源，同時有保持水土、調節氣候，防止火、旱、風、沙等災害的作用。

6.困難：事情複雜，不容易解決。「困」：艱苦的，艱難的，如：困境。疲倦，如：人困馬疲。

例句：遇到困難就退縮的人，是不會踏上成功之路的。

7.竹籬笆：用竹子編成的矮牆。「竹」：一種中空有節的植物，如：孟宗竹。樂器的泛稱，如：絲竹。「籬」：在房子周圍用竹子或樹枝編成的隔離物，如：籬笆、竹籬茅舍。「笆」：有刺的竹籬，如：籬笆。用柳條編成盛糧食的器具，如：笆斗。

例句：妹妹最喜歡畫竹籬笆，而竹籬笆上開滿紫色的牽牛花。

8.無法：想不出什麼方法。「法」：處理事情的方法或手段，如：辦法。可以模仿的，如：取法、效法。

例句：小明上課時老是喜歡到處走動，讓老師無法專心上課。

9.變瘦：身上的肉減少了。「瘦」：「胖」的相反字。肌肉不多，如：瘦巴巴、骨瘦如柴。

例句：姐姐減肥成功了，身體變瘦了。

10.大吃一頓：痛痛快快的吃一餐。「頓」：計算單位，如：一頓飯。突然，如：頓悟、茅塞頓開。

例句：哥哥每次打完球，都會大吃一頓，他說這是一種享受。

11.桶子：裝東西的長圓形器具，多用塑膠、鐵皮或木材所製成。「桶」：長圓形可以裝東西的器具，如：酒桶、飯桶、汽油桶。

例句：夏天缺水時，大家都提著桶子到河邊裝水。

12.竟然：居然，想不到會這樣。「竟」：出乎意料之外，如：竟然。終於，如：有志竟成。

例句：雨下得很大，有一些學生竟然還在操場上打球。

13.鑽出：穿過或進入。「鑽」：穿洞，如：鑽孔。比喻思想十分固執，使自己處在困苦的境地裡，如：鑽牛角尖。

例句：廚房裡有一隻老鼠，常在一個洞口鑽進鑽出的，好像很快活的樣子。

## 生字教學

1.學生課前預查字音、字義、部首。並寫在習作A本上。

2.本課生字：

①習寫字：

狐（犬）部　狸（犬）部　葡（艸）部　萄（艸）部　聽（耳）部

森（木）部　困（口）部　熟（火）部　竹（竹）部　法（水）部

瘦（疒）部　頓（頁）部　桶（木）部　竟（音）部

②認讀字：

鑽（金）部　籬（艸）部　笆（艸）部

3.辨別特殊生字：

狐狸的「狸」和「貍」都讀ㄌㄧˊ，但「犬」部的「狸」是犬科的動物，例如：狐狸。但「豸」部的「貍」是貓科的動物，例如：貍貓。

竹字是「竹」部首，左邊是「𠂉」，右邊是「亇」，要指導學生鉤起來。

## 三、閱讀與寫作

### 內容深究

㈠提出問題，師生共同討論。

1.文章理解的問題，請參考前面歸納大意的問題。

2.情意擴展的問題。

①狐狸爲什麼能成爲森林裡的「智多星」？

②狐狸遇到困難會立即想辦法解決，你同意他的做法嗎？

③狐狸受了葡萄香味的誘惑，你容易受什麼水果誘惑？

3.文意探索的問題。

①狐狸被稱爲「智多星」，含有什麼意思？

②狐狸想吃葡萄，他想出了怎樣的妙計？

③結果，你認爲狐狸能想出辦法解決嗎？

## 形式深究

㈠文體說明：

本課是一篇寓言，敘述一隻狐狸經過一座葡萄園，想辦法吃葡萄的經過情形。

㈡段落安排：

1.第一段：聰明的狐狸自稱是是森林中的「智多星」。

2.第二段：狐狸想吃葡萄，可是無法從竹籬笆鑽進去。

3.第三段：狐狸餓了五天身體瘦了，就順利地鑽進去吃葡萄。

4.第四段：狐狸大吃一頓，肚子又大又圓就鑽不出來了。

㈢ 結構分析：

狐狸和葡萄園
- 起因：狐狸想吃葡萄。
- 經過：狐狸想出的妙計就是把自己餓瘦了。
- 結果：狐狸進去吃了葡萄卻出不來了。

這是一篇寓言，告訴我們「智者千慮必有一失，而愚者千思必有一得」。有「智多星」之稱的狐狸，想了一個妙計吃葡萄，可是他沒想到「退路」，這就是他「一失」的地方。

㈣ 主旨說明：

聰明的人有時會被聰明誤。（聰明的人常常會仗著他聰明，反應快，有時候並不用心，也不認眞思考，所做的事並不見得理想，才會有「智者千慮必有一失，而愚者千思必有一得」這句俗話跑出來。）

㈤ 修辭說明：

1. 因果句：

「……因此……」：

課文：森林中許多動物遇到困難，都會請教他，因此他成了森林中的「智多星」。

例句：班上有人丟失東西，小明都能循著蛛絲馬跡找回來，因此大家叫他是「福爾摩斯」。

2. 遞進句：
「……還……」：
課文：狐狸發現葡萄成熟了，還散發出甜美的香味！
例句：已經是三更半夜了，弟弟還在玩電動玩具不睡覺呢！
3. 並列句：「又……又……」：
譬喻修辭：「……好像……」：
課文：狐狸吃得肚子又大又圓，好像一個大桶子。
例句：妹妹穿的洋裝又合身又好看，好像一個美麗的洋娃娃。

## 四、教學資料庫

### 語文補充

(一) 介紹葡萄酒：

用經過發酵的葡萄製成的酒。去皮者白色微黃的稱「白葡萄酒」。不去皮紅色的稱「紅葡萄酒」，以法國出產的最有名。如果將葡萄酒加以蒸餾、窖藏之後，就成爲白蘭地酒。

㈡ 繞口令：跟「葡萄」有關的繞口令

吃葡萄不吐葡萄皮兒，
不吃葡萄倒吐葡萄皮兒。

㈢ 猜謎：

彎彎樹上彎彎藤，
樹上結了串串鈴，
個個鈴兒像珍珠，
有的紫色有的青。
——猜一水果（葡萄）

一個花園四方方，
裡面實在很荒涼，
只有看見一棵樹，
直直站在正中央。
——猜一字（困）

(四) 多音字：

熟
- ㄕㄡˊ——成熟、煮熟。
- ㄕㄨˊ——熟悉、熟能生巧。

法
- ㄈㄚˇ——法國、方法。
- ㄈㄚˊ——想個法兒。

鑽
- ㄗㄨㄢ——鑽出、鑽研。
- ㄗㄨㄢˋ——鑽石。

結
- ㄐㄧㄝˊ——結果、結論。
- ㄐㄧㄝ——結巴、結實。

(五) 形近字

- 雖：(隹)部——雖然、雖敗猶榮。
- 難：(隹)部——災難、困難。
- 離：(隹)部——離開、離奇。

- 鑽：(金)部——鑽出、鑽孔。
- 讚：(言)部——稱讚、讚美。
- 贊：(貝)部——贊成、贊助。

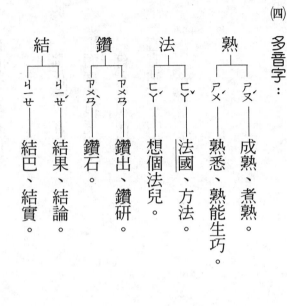

此：（止）部——此外、此地。
些：（二）部——一些、些許。

## 解答參考

㈠ A本：

習作㈠

1.（開心果） 2.（智多星） 3.（飛毛腿） 4.（小天使） 5.（紅蕃茄）

習作㈡

1.（因爲森林中的動物遇到困難，都會請狐狸幫忙或想想辦法，所以狐狸就成了森林中的智多星。）

2.（當然得減肥，再餓幾天，身體變瘦了，就可以從竹籬笆鑽出來了。）

㈡ B本：

習作㈠

| | | |
|---|---|---|
| （官） | （定） | （師） |
| （院） | 法 | （力） |
| （語） | （國） | （術） |

| | | |
|---|---|---|
| （法） | （同） | （作） |
| （身） | 合 | （力） |
| （格） | （成） | （理） |

| | | |
|---|---|---|
| （瓜） | （蕉） | （水） |
| （氣） | 香 | （腸） |
| （甜） | （味） | （花） |

習作(二)

1.（害怕楚王的兵權。）

2.（當然是怕老虎。）

3.（聰明又機智，才能逃過一劫啊！）

# 第十二課 滴水穿石

## 一、聆聽與說話

### 引起動機

㈠語文遊戲：誰有好耳朵

1. 教師請學生閉上眼睛，靜靜聆聽兩分鐘。
2. 兩分鐘之後，老師提問：
①聽到什麼聲音？
②聲音從哪裡發出來的？
③聲音讓你想到什麼？
3. 學生每說過一種聲音，教師便寫在黑板上。
4. 說過的聲音，別的同學不能再說。
5. 如：有的學生說：我聽見狗叫聲，那是從花園那裡傳過來的。狗叫聲讓我想起小黃，那是我以前養的一隻狗，後來不見了，我非常想念牠。
6. 也有學生說：我聽到自己的呼吸聲，那是從我身體內傳出來的，它讓我聯想到生命之間的生和死，因為聽不到它的聲音，生命便結束了。

7.最後由老師講評，並由全班同學票選哪一個同學所聽到的聲音最特別，聯想也最吸引人。

(二)語文對話：

上一課的小小劇場是「孔子和學生」，全劇只有兩個人，就是孔子和他一名不用功讀書的學生。學生每天上課不是遲到就是不來，他的理由是游泳或玩樂，都比讀書來得快樂。孔子並不生氣，循循善誘，終於讓學生喜歡來讀書。相信學生透過對話或角色扮演之後，也能明白不管日後要爲民服務，或做一番事業，學問都是最佳的工具。所以說：「工欲善其事，必先利其器。」一點也沒錯。

## 講述大意

(一)概覽課文：以默讀方式，把課文讀一遍。

(二)提問以歸納大意：利用問題，指導學生練習歸納全文的意義。

1.下雨時，小水滴會做些什麼事？
2.小水滴對大石頭說些什麼話？
3.大石頭又如何嘲笑小水滴呢？
4.最後，有了怎樣的結果？

㈢ 內容大意：綜合各段的段落大意，說出全文的內容大意。

下雨時，小水滴會滴在大石頭身上，並要將大石頭穿一個洞。雖然大石頭嘲笑他，他仍努力不懈的滴，最後終於做到了。

# 二、閱讀與識字

## 詞語教學

㈠ 學生課前預習，提出新詞，並查字辭典，了解新詞的意思。

㈡ 學生上課前提出新詞，老師請學生試念，並指導正確的發音和寫法。

㈢ 教師詢問學生對詞語的了解，若有特殊生字，也要加以指導。

㈣ 本課詞語指導：

1. 屋簷：屋頂伸出牆外的部分。「簷」：屋頂向外伸出去的部分，如：屋簷。遮蓋物的邊緣或伸展出去的部分，如：帽簷。

例句：燕子喜歡在屋簷下築巢，認為那是安靜又安全的地方。

2. 抓癢：皮膚很癢，用手去抓。「癢」：皮膚受到刺激，需要搔抓的感覺，如：不關痛癢。

例句：看到猴子抓癢的情形，那簡直跟人類一模一樣啊！

3. 伯伯：①父親的哥哥。②稱呼和父親同輩份且年紀較大的男人。「伯」：丈夫的哥哥，如：大伯。

兄弟長幼順序，老大叫伯，老二叫仲，老三叫叔，老四叫季，如：伯仲叔季。

例句：在路邊烤地瓜的伯伯，他烤的地瓜像蜜糖，入口即化，好吃極了。

4.千萬：務必，一定的意思。「萬」：比喻很多，如：萬物，千山萬水。指很多用途或技能，如：萬能。

例句：你遇到危險時，千萬要小心，才能轉危爲安。

引導：猜一猜：長生不老。——猜一種植物（萬年青）

5.恆心：長久不變的意志。「恆」：永久，如：永恆。本身能發出光和熱的天體，如：恆星。

例句：愚公一大把年紀了，可是他移山的恆心，眞是令人刮目相看。

引導：你讀過的故事中，能舉出做事或讀書有恆心的人嗎？

6.耐力：能夠持續很久的力量。「耐」：可以長久使用，不容易用壞，如：耐用。形容意味深長，如：耐人尋味。

例句：馬拉松競賽不光是比體力，還要比耐力。

7.堅硬：牢固剛硬。「堅」：強固而有力，不容易摧毀，堅強。堅定忍耐，絕不動搖，如：堅忍不拔。「硬」：相反字是「軟」。質地堅固，如：堅硬。形容身體健壯，如：硬朗。

例句：他想回家鄉的心堅硬如鐵，是絕不會動搖的。

引導：「堅硬」的相反詞有「軟弱」、「脆弱」。

8.鋼鐵：精鍊的鐵。「鋼」：比喻堅固、堅強，如：鋼鐵。筆頭用金屬做成的筆，如：鋼筆。「鐵」：一種金屬元素，灰白色，在濕空氣中容易生鏽，用途很廣，常被用來當作用具，如：刀槍等兵器。形容堅固、堅強，如：鐵漢、銅牆鐵壁。

例句：聽說惡魔島監獄的牆壁是用鋼鐵做的，所以沒有一個犯人能夠脫逃出去。

引導：鋼跟鐵有什麼不同？「鋼」是精鍊的鐵。而「鐵」含碳、雜質較多。鋼的硬度、韌度、純度都比鐵高。

9. 一般：①一樣的。②普通，在正常的情況中。「般」：種類，如：十八般武藝。樣或等，如：這般人都是窮兇惡極的壞蛋，千萬不要接近他們。

例句：天邊的晚霞像織錦一般，五彩繽紛，眞是美麗極了。

引導：「一般」的相反詞是「特殊」或「特別」。

10. 作夢：①夢想。②睡眠時腦部受到刺激所產生的幻想。「夢」：不切實際，不能實現的，如：白日夢。形容非常想得到，如：夢寐以求。

例句：我每次跟哥哥要一些他珍藏的郵票，哥哥都是對我說：別作夢！

11. 嘲笑：用言詞取笑對方。「嘲」：取笑並侮辱別人，如：嘲弄。

例句：他爲什麼一個朋友也沒有？因爲他很喜歡嘲笑別人。

引導：猜一猜：雙十節大合唱。——猜一字（嘲）

12. 努力不懈：很認眞，不肯鬆散下來。「懈」：做事懶散，不專心，如：鬆懈。鬆懈懶惰，如：懈惰。

例句：他努力不懈地研究西瓜，終於研究出好吃的無子西瓜。

13. 笑呵呵：大聲的笑。「呵」：生氣時大聲的責罵，如：呵責。吹，吐，如：呵氣。

例句：一進屋子就聽到爺爺笑呵呵的聲音，原來爺爺在看卡通片。

## 生字教學

1. 學生課前預查字音、字義、部首。並寫在A本習作上。
2. 本課生字：

①習寫字：

滴（水）部　癢（疒）部　伯（人）部　萬（艸）部　恆（心）部

耐（而）部　堅（土）部　硬（石）部　鋼（金）部　鐵（金）部

般（舟）部　夢（夕）部　嘲（口）部　懈（心）部

②認讀字：

簷（竹）部

3. 辨別特殊生字：

作夢的「夢」是「夕」部首，不要寫成「艸」部首。

努力不懈的「懈」是「心」部首，右邊是「解」，指導學生書寫的筆畫正確。

「做」跟「作」如何區別和使用，請詳見「教學資料庫」。

## 三、閱讀與寫作

### 內容深究

(一) 提出問題，師生共同討論。

1. 文章理解的問題，請參考前面歸納大意的問題。
2. 情意擴展的問題。
   ①雨聲滴答滴答的響，你會想起什麼聲音？
   ②小水滴憑什麼想在大石頭身上穿一個洞？
   ③跟「滴水穿石」相近的成語還有什麼？
3. 文意探索的問題。
   ①大石頭爲什麼說小水滴是幫他抓癢？
   ②大石頭怎樣嘲笑小水滴？
   ③小水滴實現了夢想嗎？

### 形式深究

(一) 文體說明：

本課是一篇寓言，敘述一塊大石頭和小水滴之間的對話。

㈡ 段落安排：

1.第一段：下雨時，小水滴會滴在大石頭的身上，大石頭認爲小水滴是在幫他抓癢。

2.第二段：小水滴很有自信，要在大石頭身上穿一個洞。

3.第三段：又堅硬又強壯的大石頭，嘲笑小水滴別作夢了。

4.第四段：小水滴努力不懈地滴，終於把大石頭穿一個洞了。

㈢ 結構分析：

狐狸和葡萄園
- 開頭：小水滴和大石頭的位置。
- 經過：小水滴和大石頭之間的對話。
- 結果：小水滴終於夢想成眞了。

這是一篇寓言，告訴我們「滴水穿石」的力量到底有多大！水滴又小又弱，而石頭又堅硬又強壯，哪可能把石頭穿一個洞呢？可是小水滴不停的滴，幾年之後，它的夢想終於實現了——在大石頭的身上，穿了一個洞呀！

㈣ 主旨說明：

只要持續不斷的努力，一定會獲得成功的。（每天滴水，時間久了就可以把石頭穿透。跟「滴水穿石」相近的成語有：「聚沙成塔」、「積少成多」，還有一個諺語說：「只要功夫深，鐵杵可以磨成針。」這些都說明了只要能下工夫去做一件事，就能克服困難，得到最後的勝利。）

㈤ 修辭說明：

1. 條件句：

「……只要……」：

課文：只要我有恆心，有耐力，總有一天，我會在您身上穿一個洞。

例句：只要我少吃，多運動，總有一天，我會成爲健美先生。

2. 遞進句：「不只……而且……」：

譬喻修辭：「……好像……」：

課文：大石頭不只堅硬而且強壯，好像鋼鐵一樣！

例句：哥哥不只會跑而且速度很快，好像風一樣！

3. 並列句：

「那麼……那麼……」：

課文：你那麼小，那麼弱，要在我身上穿個洞，別作夢了。

例句：你那麼聰明，那麼健康，爲什麼不去找一份工作呢？

## 四、教學資料庫

### 語文補充

㈠詩歌欣賞：夢鄉

大月光，滑進窗，青瓦房裡亮光光。
小姑娘，進夢鄉，踮起腳尖搆月亮。
月亮上，好風光，玉兔蹦，桂花飄香。
銀河岸邊撿貝殼，拾起星星兜裡裝。

㈡「做」跟「作」怎麼分別？

「作」是從事某種活動，例如：作孽、作弄、自作自受。「做」是比較具體東西的製造，如：做衣服、做工。抽象一些或成語方面，都用這個「作」，如：作怪、作文、裝模作樣。用雙手去做的，都用這個「做」，如：做家事、做美勞。大體說來，它們是有一些習慣和規定的用法，應該要指導學生認識清楚。

㈢相反詞義練習：

1. 弱小←→強壯

2. 認真↔隨便
3. 自信↔膽小
4. 嘲笑↔鼓勵
5. 輕輕的↔重重的
6. 小水滴↔大石頭
7. 努力不懈↔半途而廢
8. 垂頭喪氣↔笑顏逐開
9. 雪中送炭↔落井下石
10. 目不轉睛↔東張西望
11. 貫徹始終↔有頭無尾
12. 堂堂正正↔偷偷摸摸
13. 口若懸河↔默默無語
14. 無價之寶↔一文不值
15. 貪生怕死↔視死如歸

(四) 俏皮話：「關公賣豆腐——人硬貨不硬」

我們都知道，三國時代的關公是一位相貌堂堂的武將，看起來威風凜凜，可讓對手嚇得手腳發軟。這樣威猛的人去賣軟軟的豆腐，那當然是「人硬貨不硬」。所以這句俏皮話，也可以說是歇後語，是比喻一個人的外表好看，但肚子裡卻沒什麼知識或才能。

(五) 形近字：

像：（人）部──好像、很像。
象：（豕）部──大象、象牙。
橡：（木）部──橡皮、橡膠。

滴：（水）部──水滴、滴下來。
嘀：（口）部──嘀咕。
嫡：（女）部──嫡傳、嫡長子。

養：（食）部──養分、養生。
癢：（疒）部──很癢、搔癢。

## 解答參答

(一) A本：

習作(一)

1.手部：拔（招）（捕）（扶）（拉）
2.水部：（津）（消）（滑）（汽）（泡）
3.言部：（說）（詳）（記）（課）（誇）

4.艸部：（葡）（花）（草）（芒）（莉）
5.火部：（照）（然）（熊）（烈）（熱）
6.辶部：（這）（近）（追）（進）（通）

習作㈡

1.（滴）水穿石：（滴水穿石的力量，是不容忽視的。）
2.不（甘）示弱：（這次賽跑哥哥輸了，但他不甘示弱準備明年再來。）
3.努力不（懈）：（蝸牛努力的往上爬，終於爬上牆頭了。）
4.風和日（麗）：（今天風和日麗的好天氣，最適合爬山了。）
5.名（滿）天下：（發明家愛迪生的名字名滿天下啊！）
6.千變（萬）化：（舞臺上的燈光千變萬化，實在很吸引人。）
7.南來北（往）：（南來北往的車子都經過這個車站，非常熱鬧。）

㈡ B本：

習作㈠

（伯）（夢）（夢）（鐵）（鋼）（鐵）（般）（堅）（硬）
（簷）（恒）（恒）（嘲）（癢）

習作㈡

（請老師指導學生自由作答。）

# Memo

# Memo

# Memo

# Memo

# Memo

國家圖書館出版品預行編目資料

(全新版)華語教學指引／蘇月英總主編.
-- 臺初版. -- 臺北市：流傳文化, 民93
冊； 公分

ISBN 986-7397-04-5(第6冊：平裝)

1.中國語言 - 讀本

802.85 93003023

# 【全新版】華語教學指引第六冊

總 主 編：蘇月英
編撰委員：蘇月英、李春霞、胡曉英、詹月現、蘇 蘭
吳建衛、夏婉雲、鄒敦怜、林麗麗、林麗真
指導委員：信世昌、林雪芳
責任編輯：胡琬瑜
封面設計：陳美霞
發 行 人：曾高燦
出版發行：流傳文化事業股份有限公司
地　　址：台北縣(231)新店市復興路43號4樓
電　　話：(02)8667-6565
傳　　真：(02)2218-5221
郵撥帳號：19423296
http://www.ccbc.com.tw
E-mail:service@ccbc.com.tw
香港分公司◎集成圖書有限公司 - 香港皇后大道中283號
聯威商業中心，8字樓C室
TEL：(852)23886172-3・FAX：(852)23886174
美國辦事處◎中華書局 - 135-29 Roosevelt Ave. Flushing, NY 11354 U.S.A.
TEL：(718)3533580・FAX：(718)3533489
日本總經銷◎光儒堂 - 東京都千代田區神田神保町一丁目五六番地
TEL：(03)32914344・FAX：(03)32914345

出版日期：西元2004年11月臺初版(50039)
西元2005年3月臺初版二刷
印　　刷：世新大學出版中心

分類號碼：802.85.022
ISBN 986-7397-04-5

定價：110元